本书得到教育部哲学社会科学研究重大课题攻关项目（15JZD023）、国家科技支撑计划课题（2015BAH27F01）、国家社科基金重大项目（16ZDA045）、国家社科基金青年项目（16CJL028）、宏观质量管理湖北省协创中心的资助

宏观质量管理学术丛书

产品质量满意度与区域经济发展水平

李丹丹 著

中国社会科学出版社

图书在版编目(CIP)数据

产品质量满意度与区域经济发展水平/李丹丹著.—北京：中国社会科学出版社，2018.10

（宏观质量管理学术丛书）

ISBN 978 - 7 - 5203 - 3347 - 4

Ⅰ.①产… Ⅱ.①李… Ⅲ.①产品质量—关系—区域经济发展—调查报告—中国 Ⅳ.①F273.2②F127

中国版本图书馆 CIP 数据核字（2018）第 243730 号

出 版 人	赵剑英	
责任编辑	田　文	
责任校对	张爱华	
责任印制	王　超	

出　　版	中国社会科学出版社	
社　　址	北京鼓楼西大街甲 158 号	
邮　　编	100720	
网　　址	http://www.csspw.cn	
发 行 部	010 - 84083685	
门 市 部	010 - 84029450	
经　　销	新华书店及其他书店	
印　　刷	北京君升印刷有限公司	
装　　订	廊坊市广阳区广增装订厂	
版　　次	2018 年 10 月第 1 版	
印　　次	2018 年 10 月第 1 次印刷	
开　　本	710×1000　1/16	
印　　张	11.75	
插　　页	2	
字　　数	201 千字	
定　　价	49.00 元	

凡购买中国社会科学出版社图书，如有质量问题请与本社营销中心联系调换
电话：010 - 84083683
版权所有　侵权必究

目 录

第一章 导论 …………………………………………………… (1)
  第一节 研究背景与问题提出 ………………………………… (1)
    一 研究背景 ……………………………………………… (1)
    二 问题提出 ……………………………………………… (3)
  第二节 研究意义 ……………………………………………… (8)
    一 理论意义 ……………………………………………… (8)
    二 现实意义 ……………………………………………… (8)
  第三节 相关概念界定 ………………………………………… (9)
    一 "产品"的概念界定 ………………………………… (9)
    二 "产品质量"的概念与内涵 ………………………… (10)
    三 "产品质量满意度"内涵界定 ……………………… (12)
    四 基于消费者满意度评价产品质量的意义 …………… (14)
  第四节 研究方法 ……………………………………………… (15)
    一 问卷调查法 …………………………………………… (15)
    二 基于微观个体进行总体分析 ………………………… (15)
    三 理论分析和实证检验相结合 ………………………… (16)
  第五节 研究内容与技术路线图 ……………………………… (17)
    一 研究目标 ……………………………………………… (17)
    二 技术路线图 …………………………………………… (17)
    三 章节安排 ……………………………………………… (17)
  第六节 研究难点与创新点 …………………………………… (19)
    一 研究难点 ……………………………………………… (19)
    二 研究创新点 …………………………………………… (20)

第二章 相关文献综述 (22)

第一节 产品质量评价文献综述 (22)
一 产品质量评价方法演变 (22)
二 产品质量评价指标的应用现状 (25)
三 消费者产品质量满意度内涵及其影响因素 (30)

第二节 经济发展水平影响产品质量的研究综述 (32)
一 基于南北贸易模型的研究 (33)
二 基于区域经济增长的研究 (35)
三 基于收入分配的研究 (36)

第三节 经济发展水平影响产品质量满意度的研究综述 (38)

第四节 对以上文献的评述 (41)

第三章 我国消费者产品质量满意度测度 (43)

第一节 测度原则 (43)
一 结果性原则 (43)
二 可比性原则 (43)
三 可行性原则 (44)

第二节 测度方法 (44)

第三节 调查区域与调查方法 (46)
一 调查区域 (46)
二 人口抽样方法与调查方法 (50)
三 有效样本量统计 (51)

第四节 我国消费者产品质量满意度统计结果 (52)
一 我国消费者产品质量总体评价处于及格水平 (52)
二 消费者评价达到基本较满意的城市占比约5% (53)
三 不同人口特征的消费者产品质量满意度存在差异 (56)
四 城镇居民产品质量满意度高于农村居民 (58)
五 东中西部消费者产品质量满意度依次递减 (58)

第五节 本章小结 (59)

第四章 区域经济发展水平影响消费者产品质量满意度显著性分析 …… (61)

- 第一节 引言 …… (61)
- 第二节 基于理论分析的模型构建 …… (61)
  - 一 经济发展水平影响消费者产品质量满意度的理论分析 …… (61)
  - 二 计量模型构建 …… (68)
- 第三节 计量模型计量方法与符号说明 …… (73)
- 第四节 总体回归结果与经济含义 …… (75)
  - 一 总体回归结果（解释变量为人均 GDP）…… (75)
  - 二 基于回归结果的分析 …… (79)
  - 三 稳健性检验 …… (82)
- 第五节 主要控制变量对消费者产品质量满意度的影响 …… (83)
  - 一 产业结构对消费者产品质量满意度的影响 …… (83)
  - 二 自然环境对消费者产品质量满意度的影响 …… (87)
  - 三 居民收入水平对消费者产品质量满意度的影响 …… (88)
  - 四 消费结构对消费者产品质量满意度的影响 …… (90)
  - 五 居民收入差距对消费者产品质量满意度的影响 …… (91)
- 第六节 本章小结 …… (94)

第五章 基于不同人口特征的分组分析 …… (97)

- 第一节 引言 …… (97)
- 第二节 不同收入分组的实证检验 …… (97)
  - 一 人群分组与回归结果 …… (97)
  - 二 不同收入人群产品质量满意度影响因素比较 …… (99)
  - 三 对不同收入人群产品质量满意度调查结果的解释 …… (100)
- 第三节 不同性别分组的实证检验 …… (102)
  - 一 人群分组与回归结果 …… (102)
  - 二 不同性别人群产品质量满意度影响因素比较 …… (103)
  - 三 对不同性别人群产品质量满意度调查结果的解释 …… (104)
- 第四节 不同年龄分组的实证检验 …… (105)
  - 一 人群分组与回归结果 …… (105)

二　不同年龄人群产品质量满意度影响因素比较 ……… (107)
    三　对不同年龄人群产品质量满意度调查结果的解释 … (108)
  第五节　不同婚姻状况分组的实证检验 ………………………… (109)
    一　人群分组与回归结果 ……………………………………… (109)
    二　不同婚姻状况人群产品质量满意度影响因素比较 … (111)
    三　对不同婚姻状况人群产品质量满意度调查结果的
　　　解释 ………………………………………………………… (111)
  第六节　不同学历分组的实证检验 ……………………………… (112)
    一　人群分组与回归结果 ……………………………………… (112)
    二　不同学历人群产品质量满意度影响因素比较 ……… (114)
    三　对不同学历人群产品质量满意度调查结果的解释 … (115)
  第七节　本章小结 ………………………………………………… (116)

第六章　基于不同区域的分组分析 …………………………………… (118)
  第一节　引言 ……………………………………………………… (118)
  第二节　城乡居民分组的实证检验 ……………………………… (118)
    一　城乡分组与总体回归结果 ……………………………… (118)
    二　城乡居民产品质量满意度影响因素的差异比较 …… (120)
    三　对城镇居民产品质量满意度高于农村居民的实证
　　　解释 ………………………………………………………… (122)
  第三节　东中西部分组的实证检验 ……………………………… (122)
    一　东中西部区域分组与总体回归结果 …………………… (122)
    二　东中西部居民产品质量满意度影响因素的差异
　　　比较 ………………………………………………………… (125)
    三　东中西部城乡居民的交叉分析 ………………………… (127)
    四　对东中西部产品质量满意度依次递减的实证解释 … (128)
  第四节　本章小结 ………………………………………………… (129)

第七章　微观影响机制的实证分析 …………………………………… (131)
  第一节　引言 ……………………………………………………… (131)
  第二节　经济发展水平影响消费者产品质量满意度的微观
　　　　　机制假设 ………………………………………………… (131)

第三节 相关指标说明与数据来源 …………………… (134)
第四节 微观影响机制建模计量方法与回归结果 …………… (135)
第五节 人均GDP影响消费者产品质量满意度微观
机制分析 …………………………………………… (137)
第六节 人均GDP影响消费者产品质量满意度微观
机制定量分析 ……………………………………… (139)
第七节 本章小结 …………………………………………… (143)

第八章 提升我国消费者产品质量满意度政策建议 …………… (145)
第一节 引言 ………………………………………………… (145)
第二节 本研究对政府宏观质量管理的主要启示 ………… (146)
  一 产品质量满意度受经济发展水平的约束 ………… (146)
  二 居民收入分配水平对产品质量满意度的负向
   影响趋近底部 ………………………………………… (147)
  三 服务业发展带来的信息流通显著降低消费者产品
   质量满意度 …………………………………………… (148)
  四 居民消费结构改善有利于提升低收入群体的
   产品质量满意度 ……………………………………… (149)
  五 农村居民产品质量满意度较低是收入水平
   较低的负面表现 ……………………………………… (149)
  六 环境质量对各类居民的产品质量满意度影响
   均正向显著 …………………………………………… (150)
第三节 若干政策建议 ……………………………………… (151)
  一 通过经济发展提升消费者产品质量满意度水平 …… (151)
  二 改善收入分配和社会保障提升低收入群体对高
   质量必需品的支付能力 ……………………………… (152)
  三 实行企业产品质量标识的差异化标准标注制度 …… (152)
  四 鼓励社会组织成为有信用的质量信息提供者 ……… (153)
  五 形成有助于消费者投诉举报的机制和文化 ………… (154)

第九章 主要研究结论、不足与展望 …………………………… (155)
第一节 主要研究结论 ……………………………………… (155)

  一 初步梳理了经济发展与产品质量的相关文献 ……… （155）
  二 定量得出当前我国产品质量满意度的总体
    情况和主要特征 ………………………………… （156）
  三 实证数据证明经济发展水平对产品质量
    满意度有显著正向影响 ………………………… （157）
  四 经济发展水平对产品质量满意度的影响在
    不同个体特征人群具有异质效应 ……………… （157）
  五 经济发展水平对产品质量满意度的影响在
    不同区域具有异质效应 ………………………… （158）
  六 宏观的经济发展水平通过消费者的价格容忍度、
    质量安全信任度、投诉举报积极性和收入增长
    满意度对产品质量满意度产生影响 …………… （159）
 第二节 研究不足 ………………………………………… （160）
 第三节 研究展望 ………………………………………… （160）

参考文献 ……………………………………………………………… （162）

致谢 …………………………………………………………………… （180）

第一章　导论

本研究所指"产品",是指"经过加工、制作,用于销售的有形商品",不包括服务、工程和环境。对于单个消费者来说,他们对日常所消费产品质量的评价(简称"消费者产品质量满意度")受个人偏好、收入水平、产品价格、产品品牌等因素的影响。同时,消费者产品质量满意度评价,是在一定的社会环境和经济条件下进行的。从区域层面来分析,对于生活在不同经济发展水平地区的消费者来说,其产品质量满意度是否受到该地区经济发展水平的显著影响?本研究基于第一手的消费者质量评价实证数据,将不同城市消费者的微观个体数据与宏观经济数据进行匹配,从实证层面回答"经济发展水平这一外部因素,对消费者产品质量满意度的影响是否显著"这一问题,从而给出消费者产品质量满意度与区域经济发展水平的定量关系。

第一节　研究背景与问题提出

一　研究背景

(一)产品质量对消费决策的影响日益提高

改革开放以来,我国多样化的产品品种基本满足了不同消费者的质量需求,也为我国的总体经济发展奠定了物质基础。在我国 20 世纪七八十年代,解决温饱是最大目标,老百姓对于产品质量的要求处于一个相对较低的层次上。随着我国市场经济体制机制的不断完善和经济社会发展水平的不断提升,市场形态逐步从卖方市场转变为买方市场,人们也不再仅仅满足于温饱的解决。进入21世纪以来，我国的社会消费结构和消费观念发生了较大变化，人民群众的消费需求也开始从生存向享受提升，消费者不再满足于对产品基本功能的需求，开始追逐更高质量的产品，从对产品"量"的需求转向对"质"的需求，更加注重个性、体验性、安全性等高层次的产品质量特性。尤其是随着"三聚氰胺"等重大质量安全事件的爆发，我国消费者对产品质量的关注一直居高不下。对这一需求变化特征的一个直接证明，就是2014年中央经济工作会议上首次全面阐释的经济"新常态"的九大特征，其中的两个特征就是"模仿型排浪式消费阶段基本结束，个性化、多样化消费渐成主流"和"市场竞争逐步转向质量型、差异化为主的竞争"。随着全球经济一体化的加深，国外优质产品越来越多地出现在我国的商品市场上，质量信息流动速度的提高和传播面的不断扩大，在一定程度上造成了我国消费者对产品质量的需求和期望不断提高，市场上逐渐形成了追求优质产品的消费需求。相比价格因素，目前质量因素对我国消费者消费决策的影响日益提高，例如，在我国手机消费市场较为饱和的情况下，由于苹果手机较高的产品质量体验感，我国消费者对价格相对较高的苹果手机仍产生了狂热的购买欲望；在消费者较为敏感的食品领域，有研究证明相对于12.7%的成本上升差异，消费者更愿意为低农药残留青菜比一般青菜多支付335%的价钱。[①]

（二）以人为中心的高质量需求尚未得到有效满足

2007—2009年的全球经济危机之后，世界经济步入调整与过渡时期。这种时代大背景与我国经济增速阶段性回落的叠加，共同促使我国经济进入"新常态"时期。我国经济进入新常态最紧迫的问题之一是消费不足，据统计，2013年我国社会消费品零售总额较2012年增长1个百分点，较2011年下降1.8个百分点；消费对GDP的贡献率从2012年的51.8%下降为50%，下降了1.8个百分点。产品质量是隐含于产品之中的一种内在属性，只有产品质量符合市场需求，消费者才会产生购买行为，企业才能实现效益并投入新的生产和投资，产业结构和经济发展方式因而能够得到调整。经济新常态的判断意味着当前我国生产企业必须更加注重产品的创新、个性和质量，才能满足消费者的需求。麦

---

① 周应恒、彭晓佳：《江苏省城市消费者对食品安全支付意愿的实证研究——以低残留青菜为例》，《经济学季刊》2006年第3期。

肯锡全球研究院 2009 年发布的《积极消费：释放中国的消费潜能》指出，如果中国经济能够切实以消费者为中心，将比当前的经济发展模式更有效地分配资本与资源，通过"改进产品和服务并使之更加容易获得可鼓励消费，其效果比修复社会保障要好得多……根据潜在客户的需求定制的产品太少"①。因而，我国产品质量结构仍未真正满足或超出广大消费者的需求和期待，这在一定程度上导致了虽然经济增长稳健但需求较为疲软的现实结果。

说到底，"人们不是为了生产而生产，而是为了生产可能被消费的产品"②，生产活动的目的就是满足消费者的需求。最早提出经济发展质量的苏联经济学家卡马耶夫（1983）认为，只从增加产量的观点来评价生产的发展是不够的，极为重要的是算出用什么样的代价取得这一增加额，有多少生产资料和消费品满足了社会需要。③党的十八大、党的十八届三中全会以及 2013 年、2014 年中央经济工作会议，都强调把推动我国经济发展的立足点转到提高质量和效益上来，其实质就是从数量型的增长转向质量型的增长。目前，我国居民已由生存型阶段进入发展型阶段，"生存性"压力减弱，"发展性"压力逐渐凸显。发展性压力的一个重要表现就是，现阶段广大社会居民对产品质量、卫生安全等公共安全问题的需求。消费主导既是经济转型的目标，也是经济转型的决定性因素。④要从宏观上提升经济发展质量，完成结构调整、产业升级的重大目标，说到底还是需要生产制造的产品能够真正满足消费者不断提升的质量需求，进而提高生产的投入产出效率和居民的消费水平。这就需要建立促进产品质量提升和质量创新活动的制度，让生产企业能不断满足消费者日益增长的质量需求，推动我国经济"提质增效"和高质量发展。

二　问题提出

随着市场经济的发展，产品质量的定义主要经历了三个阶段，分别

---

① 麦肯锡研究咨询报告：《积极消费：释放中国的消费潜能 2009》（http://news.xinhuanet.com/fortune/2009 - 08/21/content_ 11923610. htm）。
② Mises von, L. Economic calculation in the socialist commonwealth. In von Hayek, F. A., editor, Collectivist economic planning, London: Routledge and Kegan Paul, 1935: 34 - 93.
③ [苏] B. D. 卡马耶夫：《经济增长的速度和质量》，湖北人民出版社 1983 年版，第 120 页。
④ 迟福林：《消费主导——中国转型大战略》，中国经济出版社 2012 年版，第 89 页。

是符合性阶段（关注固有性能是否符合标准）、适用性阶段（关注满足需求的程度）和满意性阶段（关注消费者满意度）。目前产品质量应用范围较广的定义就是"一组固有性能满足需要的能力"[1]。该定义综合了质量的客观性和主观性，其中"一组固有性能"是指产品在用标准进行衡量时体现出的客观性水平，"满足需求的能力"是指消费者或顾客对产品的满意程度。因而，产品质量的特性必须在消费者使用之后才能展现出来[2]，仅仅依靠技术指标的特性评价不能反映产品质量的真实差异，消费者才是产品质量的最终评价主体。

随着全球经济的一体化，资本、技术、管理经验、监管经验等要素的跨国流动性不断提高，我国产品质量技术水平和固有性能均在不断提高。但是，我国经济在创造"增长奇迹"的同时，产品质量问题也成为一个日益凸显的社会问题。尤其是21世纪90年代以来，产品质量安全问题对我国消费者福利造成较大损害，产品质量问题已成为影响我国经济可持续发展的公共安全问题之一（迟福林，2012）。这一事实提出的一个理论问题是：在我国产品生产技术和质量管控水平不断提高的背景下，为什么消费者对产品质量的评价却没有同步提升？

通过文献整理发现，针对当前我国消费者产品质量满意度不高的经济社会影响因素的研究，其所给出的解释主要集中于质量信息不对称和政府监管不力两大方面。其中，我国学者谢识予（1997）[3]，冯海、王龙宝（2005）[4]，谢地、孙志国（2010）[5] 等主要从产品质量信息不对称对我国产品质量满意度不高进行了探讨，提出消费者对产品质量的评价没有提升的主要原因在于消费者对产品质量信息无法识别；平新乔、郝朝艳（2002）[6]，赵农、刘小鲁（2005）[7]，佘时飞（2010）[8]，窦志铭（2010）[9] 等学者

---

[1] 国际标准化组织：《质量管理体系基础术语》，ISO9000：2000，2000。

[2] David A. Garvin. What Does "Product Quality" Really Mean [J]. MIT Sloan Management Review, 1984, Vol. 26 (1).

[3] 谢识予：《假冒伪劣现象的经济学分析》，《经济研究》1997年第8期。

[4] 冯海、王龙宝：《逆向选择、产品质量和信誉机制——对我国竞争性市场中产品质量问题的经济分析》，《产业经济研究》2005年第3期。

[5] 谢地、孙志国：《监管博弈与监管制度有效性——产品质量监管的法经济学视角》，《学习与探索》2010年第2期。

[6] 平新乔、郝朝艳：《假冒伪劣与市场结构》，《经济学》（季刊）2002年第2期。

[7] 赵农、刘小鲁：《进入管制与产品质量》，《经济研究》2005年第1期。

[8] 佘时飞：《商品质量、企业利润与市场结构分析》，《市场经济与价格》2010年第3期。

[9] 窦志铭等：《商品流通领域质量监管模式研究》，人民出版社2010年版，第28—162页。

的研究认为，政府的进入管制能够影响厂商的质量决策和市场平均质量水平，进而影响消费者对产品质量的主观判断。从信息角度来分析，消费者产品质量满意度的高低与产品质量信息不对称程度有直接关系（Akerlof，1970）①。用"信息不完善"的理论似乎可以解释一切，但这种解释没有给出新的信息量，因而不能用"信息不完善"作为问题的解释因素（盛洪，1995）②。在产品质量标准化程度相对较高、产品质量信息相对较为充分的消费产品领域（如电脑等），消费者产品质量满意度仍然不高。同时，自20世纪90年代以来，我国各级政府不断加大产品质量监管在资金、人力、设备等方面的投入力度，假冒伪劣产品问题已得到较大程度的解决，但我国消费者对健康、食品安全、水和空气清洁等方面的满意度仍然较低。③ 我国政府对产品质量监管的大量投入，已与消费者产品质量满意度不高形成了一定的反差。因而，仅从信息不对称和政府监管不力这两大外部因素来解释我国消费者对产品质量满意度不高的现象，还存在一定的局限性。

从经济学的角度看，需求是指有购买能力的需要。在其他条件不变的情况下，高质量产品的供给就需要厂商付出更高成本，对产品质量有需求的消费者同时也必须支付更高的货币代价。对于单个消费者来说，其收入水平的高低直接决定了其所消费产品质量的高低，也会影响其对产品质量的评价。从区域层面看，经济发展水平的高低会对该地区所出售产品质量形成"门槛效应"，这是因为经济发展水平越高的地区，该地区居民收入水平、质量需求都相对较高，从而会把低质量产品挤出市场。也就是说，对于一个区域来讲，它是由众多消费者组成的一个空间。经济水平越发达的地区，居民的收入水平和社会保障水平越高，高收入人群占比也越高，因而就越具有消费高质量产品的能力。这一结论与均衡增长理论（Balanced Growth Theory）的一些主要观点较为一致，"落后地区存在着生产与消费的低水平均衡状态"。同时，这一结论在南北贸易动态模型中也有所涉及：由于在收入、技术等方面的差异，经

---

① Akerlof G., The Market for "Lemons": Quality Uncertainty and the Market Mechanism [J]. Quarterly Journal of Economics, 1970 (84): 8–129.
② 盛洪：《为什么人们会选择对自己不利的制度安排》，《中国经济学》1995, 1996: 83。
③ 李培林、陈光金、张翼：《2015年中国社会形势分析与预测》，社会科学文献出版社2014年版，第175页。

济发展水平较高的国家生产和消费质量较高的产品,而发展中国家生产和消费质量较低的产品。因而,在其他条件一致的条件下,经济发展水平较高的地区,消费者认为该地区是高质量产品比较集中的地方,对该市场中的产品质量满意度也较高。对于生活在不同经济发展水平地区的消费者来说,不同地区的消费者产品质量满意度,应受到经济发展水平的显著影响和制约。从消费者行为学的相关研究来看,尤其是对品牌来源国与消费者产品质量满意度相关性的研究,更为直接地反映了不同国家或地区的经济发展水平对消费者产品质量满意度的影响,研究证明:消费者一般对来自经济较为发达地区的产品品牌评价较高,对不发达国家产品持有较少的正面评价(Nagashima,1977[①];Hulland J,1996[②];Gao H Z,2007[③])。此外,我国学者韩福荣(2004)[④] 提出,企业层面的质量改进主要侧重于质量客观属性的改善,而宏观层面的质量发展除了需要提高质量水平外,更加强调产品质量与消费者以及经济社会发展之间的关系。文建东(2012)[⑤]、程虹(2013)[⑥] 等提出我国产品质量问题更多地与当地的生产力密切相关,它受制于经济发展程度和居民收入水平等经济社会因素。韩会朝、徐康宁(2014)[⑦] 指出,在我国人均收入水平并不高的现实背景下,高质量产品不管是在市场需求层面还是在供给层面都存在一定的"瓶颈"。因此,要解释我国消费者产品质量满意度不高的问题,只考虑企业和消费者因素,而不考虑经济发展水平的宏观因素,是不能找到提升产品质量水平的根本解决方案的。

同时,我国目前正处于特定的体制转轨和市场转型时期,经济社会发展水平存在明显的区域差异,各地区的产品质量发展也是从不同的起

[①] Nagashima A., A Comparative "made in" Product Image Survey Among Japanese Business Men [J]. Journal of Marketing, 1977. Vol. 41 (3): 95 – 100.

[②] Hulland J, Honorio S T, Donald J L. Country-of-origin effects on sellers' price premiums in competitive philippine markets [J]. Journal of International Marketing, 1996, 4 (1): 57 – 79.

[③] Gao H Z, Knight J. Pioneering advantage and product country Image: evidence from an exploratory study in China [J]. Journal of Marketing Management, 2007, 23 (3 – 4): 367 – 385.

[④] 韩福荣:《现代质量管理学》,机械工业出版社2004年版,第10—89页。

[⑤] 文建东:《中国产品质量缺陷形成的政治经济学分析》,《湖北经济学院学报》2010年第5期。

[⑥] 程虹、陈昕洲等:《质量强国战略若干重大问题研究》,《宏观质量研究》2013年第3期。

[⑦] 韩会朝、徐康宁:《中国产品出口"质量门槛"假说及其检验》,《中国工业经济》2014年第4期。

点上起步的。由于我国存在着广泛的群体差异，对于性别、文化程度、收入、区域不同的消费者来说，区域经济发展水平对其产品质量满意度的影响程度可能不同。由于高质量的产品一般具有较高的价格，收入水平较高的消费者，对高质量产品具有较高的偏好；收入水平较低的消费者，对低质量的产品具有较高的偏好。中国乳制品质量安全标准，之所以会引起社会的强烈反应，其原因就在于不同收入的人群，对最低标准的设立有着极为不同的要求；对校车安全标准的争论，也与不同地区经济发展的水平有关，发达地区和欠发达地区对最低标准的设立就有极大的差距。目前来说，我国消费者对产品质量的评价呈现"多层性"特征，消费者认为某些区域的产品质量水平已接近发达国家水平，与此同时，对于出现较为严重质量安全事件的地区，消费者的产品质量满意度不高。由于不同消费者的社会地位、经济收入、消费习惯和购买力不同，对产品质量的要求不同（郑红军，2007[①]；汪涛，2012[②]）。罗连发（2013）[③]认为，我国居民对商品质量水平的评价呈现出典型的"城乡二元结构"，即农村所消费产品质量满意度明显低于城市居民。因此，经济发展水平对消费者产品质量满意度的影响，在不同收入群体、不同性别、不同区域之间存在一定的差异性。

尽管消费者产品质量满意度是一种"个人行为"，但在宏观层面却反映了个体相加后的集体性结果，表现出一定的区域特征。同时，随着消费水平的提高，消费者产品质量满意度的研究越来越重视从宏观经济角度来展开，这是因为消费者对产品质量的评价，都是在一定的社会环境和经济条件下进行的。由于消费者产品质量满意度的数据收集难度较大，尤其是我国不同城市的消费者产品质量满意度数据，现有研究还没有对我国不同城市的"经济发展水平"与"消费者产品质量满意度"两者之间的关系展开定量研究。单个消费者的产品质量满意度受个人收入水平的约束，不同区域消费者产品质量满意度总体水平应受经济发展水平的约束。问题是经济发展水平到底对产品质量满意度影响有多大，

[①] 郑红军：《中国产品质量的综观研究》，中国经济出版社2007年版，第167页。

[②] 汪涛、周玲等：《来源国形象是如何形成的？——基于美、印消费者评价和合理性理论视角的扎根研究》，《管理世界》2012年第3期。

[③] 罗连发：《我国存在城乡产品质量二元性吗——基于我国宏观质量观测数据的实证分析》，《宏观质量研究》2013年第1期。

是否存在影响程度的差异性？经济发展水平到底是通过何种机制影响消费者产品质量满意度的？现有研究并没有给出这些问题的具体结论。本研究试图弥补国内关于这一问题研究的不足，实证考察宏观经济因素对我国消费者产品质量满意度的实际影响。

综上所述，本研究所关注的问题就是：我国不同城市的消费者产品质量满意度，是否受到该地区经济发展水平的影响？本研究将主要从以下三个方面来回答这一问题：第一，区域经济发展水平是否对我国不同地区的消费者产品质量满意度产生显著性影响；第二，这一影响在不同人口特征（例如不同收入、不同性别等）的人群、地区间是否存在显著性差异；第三，宏观层面的经济发展水平是通过什么机制影响微观个体产品质量满意度的。

第二节　研究意义

一　理论意义

我国长期以来将产品质量及其影响因素研究作为"技术性"问题[1]，特别注重企业内部管理因素对产品质量的影响以及消费者对不同产品的消费心理变化（微观层面），很少将其与宏观经济因素进行定量研究。目前复杂的产品质量问题，从根本上讲是由于我国经济发展水平还比较低，面临着阶段性的产品质量特征与矛盾。正确认识这一点，是深刻理解我国现阶段消费者产品质量满意度不高的关键。本研究将从经济学的角度出发，对经济发展水平与消费者产品质量满意度的关系进行理论分析，将消费者产品质量满意度与其所在城市的宏观经济因素相关联，得出经济发展水平与消费者产品质量满意度的一般影响模型，定量两者之间的变动关系，进而对我国不同区域消费者产品质量满意度的差异化进行解释。这些研究在一定程度上深化了产品质量与宏观管理理论的研究，拓展了研究视野，有利于推动我国产品质量理论研究的进一步发展。

二　现实意义

在供过于求的市场形态下，消费者首先是基于对产品质量的认同，

---

[1] 郭克莎：《质量经济学概论》，广东人民出版社1992年版，第34—47页。

才会按照价格或其他因素,产生购买行为。消费者对产品质量满意度的高低,直接影响消费者自身的消费意愿和行为。"固有性能"的合格是质量的底线要求,在产品供给比较充实的前提下,仅仅满足"固有性能"的产品并不一定是消费者需要且愿意购买的,只有"固有性能"能够满足消费者需求,并让消费者对产品或服务产生良好的体验感,才能切实拉动消费增长。在产品"功能性需求"日渐稳定、趋同的情况下,通过"体验性需求"的不断超越,在产品和服务使用过程中实现消费者使用感受和心理满足程度的不断提升,才能实现产品附加值的不断提升,进而刺激消费者的消费欲望和消费行为。如果从产品质量的技术指标来分析,我国产品质量水平在不断地提高,但与满足人民群众不断增长的质量需求相比还有相当大的差距。可以说,目前我国现有产品质量供给的总体水平还未能满足消费者质量需求,这在一定程度上导致了我国消费水平的释放不足,也在一定程度上造成我国企业生产制造投入产出效率与潜在需求相比仍有较大提升空间。差异化和多元化的产品质量需求现状,实际上表明我国目前存在的一些质量问题有其客观性和必然性,与现阶段的国情有关,不可能跨越现阶段国情的约束而达到质量满意的理想状态。因此,有必要在相关理论研究的基础上,得出经济发展水平是否对消费者产品质量满意度产生约束的结论,并探讨经济发展水平对消费者产品质量满意度的影响机制,进而为政府制定相关的质量提升政策和制度提供一定的借鉴思路。

第三节 相关概念界定

一 "产品"的概念界定

目前主要国家和地区关于产品的规定,如表1-1所示。根据表1-1的分析,可以看出不同国家和地区对"产品"的概念界定有以下两个方面的共同特点:一是产品一般是指动产,且为有形物品;二是由于农产品本身特别容易受到自然环境因素的影响,质量缺陷产生的来源不容易确定,故多数国家和地区的立法未将初级农产品列入产品责任法范围。

因而,本研究所指"产品"符合如下界定:第一,评价对象为居民日常生活中所消费的产品,更为确切地说应该是最终消费品,不包括中间产品；第二，评价范围仅为有形的商品，而非同时覆盖服务质量、工程质量和生态质量的综合质量。

表1-1　不同国家和地区相关法律对"产品"的概念界定

国家/地区	法律	对"产品"的概念界定
中国	《中华人民共和国产品质量法》	产品是指经过加工、制作之后用于销售的产品。建设工程不适合本法规定
美国	《统一产品责任示范法》	产品是具有真正价值的、为进入市场而生产的，能够作为组装整件或者作为部件、零售交付的物品
日本	《产品责任法》	产品是指进入流通过程的一切物品，不论是制成品还是天然品
欧盟	《欧共体产品责任指令》	产品是指初级农产品和狩猎物以外的所有动产，即使已被组合在另一动产或不动产之内。初级农产品不包括经过加工的产品

二　"产品质量"的概念与内涵

在经济学、管理学等领域中的"质量"，一般指的是"品质"或"质"，英文翻译为 Quality，而不是物理学中的度量物体惯性的物理量（Mass）。在经济类、管理类等学科中，质量的概念最初仅用于产品，而后才逐步扩展到工程、服务和环境等领域。1931 年休哈特出版的著作《产品生产的质量经济控制》，目前被公认为质量基本原理的起源。[①] 随着经济社会的发展，对产品质量的定义及评价方法越来越深入。关于"产品质量"概念的演进过程，大致可分为如下三个阶段：

第一个阶段为"符合性"阶段。"符合性"的内涵，主要是指依据固有标准对产品做出合格与否的判断。Crosby（1962）提出，质量就是符合要求。美国军标（1969）提出，质量是一个零件或产品的所有属性和特征的组合。

---

① Montgomery, Douglas, C., Introduction to Quality Statistical Control (6th Edition) [M]. Wiley Press, 2008: 5–17.

第二个阶段为"适用性"阶段。"适用性"的内涵，主要是指顾客的要求被满足的程度。随着科学技术的迅速发展和市场竞争的日趋激烈，20世纪70年代以来美国工业产品的技术水平迅速提高，产品更新换代的速度大大加快，质量问题更加复杂，随之也带来人们对质量认识的深入和广泛。J. M. Juran等（1979）基于用户的角度对质量进行定义，产品质量就是产品的"适用性"（fitness for use），即产品在使用时能成功地满足用户需要的程度。1986年，国际标准化组织（ISO）发布ISO 8402—1986《质量管理和质量保证术语》中提出，质量是产品或服务满足明确需求或隐含需要能力的特征综合。1991年，国际标准化组织（ISO）将质量定义进一步改为：产品或服务满足实体明确和隐含需要能力的特性总和。

第三个阶段为"满意性"阶段。"满意性"的内涵，主要是指从顾客满意与否或满意程度的角度评价质量。Deming（1982）对此概括为"质量必须用顾客满意度界定，质量是多维的，不能用单一的特点来界定产品或服务的质量"[1]。Garvin（1984）提出不同于产品导向和制造导向的观点，质量也不同于客观品质，客观品质被认为是不一定存在的，因为所有的品质都是由人们感知出来的。从哲学角度看，产品质量是类似于哲学上对"美"的理解，它只有在暴露于一系列对象之后才能显示其特点。[2]

通过对产品质量定义演进过程的分析，可知不同阶段产品质量定义的差异主要表现在是侧重于质量的客观性还是主观性。其中，产品质量的客观性强调产品的固有性能符合某种能用数字进行计量的固有标准，而产品质量的主观性则强调质量是顾客这一主体的需要被满足的程度，认为质量是由消费者决定的，而不是由制造环节的工程师、生产部门等因素决定的。[3] 目前来说，ISO 9000：2000《质量管理体系基础术语》国际标准对"质量"概念的界定，即为"一组固有性能满足需求的能

---

[1] Deming, W. E. Quality, productivity and competitive position [M]. Cambridge：Massachusetts Institute of Technology, Center for Advanced Engineering Study, 1982：37 - 165.

[2] Garvin. David A. What Does "Product Quality" Really Mean [J]. MIT Sloan Management Review. 1984, Vol. 26（1）：3 - 26.

[3] Maynes, E. Scott. The Concept and Measurement of Product Quality [J]. Household Production and Consumption. 1976, Vol. 40（5）：529 - 597.

力"①，得到了学术界和应用层面的广泛认同。该定义综合了质量的客观性和主观性，其中"一组固有性能"是指产品在用标准进行衡量时所体现出的客观性能指标的水平，"满足需求的能力"是指消费者或顾客对产品满足自身需求的主观性满意程度。因而，根据产品质量的定义，可知产品质量是主体和客体的统一。其定义的演变历程说明，随着产品市场形态的变化，人们对质量的认识也不断加深，产品质量定义中产品的使用主体所占分量越来越重，对产品质量的评价也越来越倾向于使用主体的满意程度。这一变化趋势意味着质量的范畴，已从产品客体本身主要性能的计量，转向消费主体的主观评价。

三 "产品质量满意度"内涵界定

产品质量满意度，是指消费者对所消费产品质量的满意程度，一般是指消费之前的质量期望与实际感知的差异程度。要明确"消费者产品质量满意度"的内涵，除了要厘清产品质量的内涵，还必须明确"产品质量的评价主体"这一基本问题。

通过上文对产品质量定义的分析，可知产品质量的最终评价主体就是消费者，产品质量的评价离不开消费者的感知。产品质量的生产主体是厂商，企业在产品生产的全过程中，都会设定相应的标准或遵从国家和社会的标准，来判定自身供应的产品是否达到某个质量的水平。即使固有性能评价再好的产品，如果没有消费者最终使用的评价，这种评价也不具有最终的客观性。产品质量是产品进入市场之后消费者在消费过程中对产品质量的反映。衡量某一个企业所生产的产品的质量状态，最重要的是要看其进入市场之后消费者体验的结果，这种体验的结论以及所产生的各种行为，比如满意并追加购买等都能够准确地反映对产品质量评价的总体状态。也就是说，对产品质量的判断也不可能完全基于对产品的检测。诺贝尔经济学奖获得者阿格罗夫，在其对旧车交易市场分析的经典论文中，已充分证明：信息不对称是质量领域的一个一般性的规律。人们不可能通过对产品的事前检测，发现一个产品所有潜在的质量风险，或可能出现的质量安全问题，因为人类认识能力的有限性不可能穷尽一个产品所有的质量安全风险；另外人类基于成本的约束，也不

---

① 国际标准化组织：《质量管理体系基础术语》（ISO 9000：2000）2000。

可能去检测产品未来所有可能面临的风险,这就是产品质量问题(产品质量风险)不可能为零的根本性原因。

因而,产品质量满意度的主体只能是产品质量的使用者,因为作为产品质量使用主体的消费者,他们在产品的使用过程中,能够真实地感知产品给他们所带来的价值或伤害。如果将产品给消费者所带来的价值或伤害进行统计,就能够分析出产品的最终质量状况。这种理论方法是基于结果的质量统计与分析,实际上无论是GDP,还是CPI以及HDI(人类发展指数),都是基于对结果的统计分析。因而,本研究得出以下的产品质量满意度的逻辑模型,如图1-1所示。

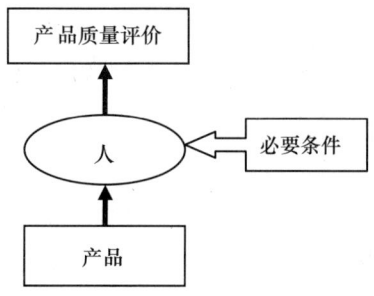

图1-1 产品质量满意度逻辑模型

产品必须经过使用才能将其质量特性暴露出来[1],因而产品质量满意度必须经过的环节就是使用产品的"人",也就是消费者。消费者产品质量满意度是消费者对产品质量客观状态的一种主观反映,不同的消费者基于收入、文化、环境等因素的影响,其产品质量满意度肯定具有一定的差异,呈现出多层次性和多元化的特点。从市场供求关系来看,产品市场通过供求机制的作用,促使产品的生产主体和销售主体——企业,不得不关注不同消费者对产品质量的偏好,尽力满足不同消费者对产品质量的实际要求,以及不同经济发展水平下消费者产品质量需求的变化。

根据图1-1并结合"产品""质量""评价"的定义,"产品质量满意度"就是指"与自身需求相比,消费者对日常所消费产品质量高

---

[1] Garvin. David A. What Does "Product Quality" Really Mean [J]. MIT Sloan Management Review, 1984, Vol. 26 (1): 3-26.

低的综合评定",在此称为"产品质量满意度"。

四 基于消费者满意度评价产品质量的意义

相较于用反映产品固有性能的技术指标来评价产品质量,基于消费者来定量评价产品质量,具有如下特别的意义:

(一)消费者产品质量满意度更加符合产品质量的内涵

产品质量的特性必须在消费者使用之后才能展现出来,仅仅依靠技术指标的特性评价不能反映产品质量的真实差异。从产品质量的定义可以看出,产品质量高低具有相对性的特征,其比较的标准就是消费者的质量需求。如果产品质量水平满足了消费者的需求,消费者对该产品质量满意度较高,则证明该产品具有较高的产品质量。反之,则证明该产品的产品质量水平并不高。产品只有在消费过程中才最终成为产品,生产产品的目的是满足消费者生产和生活的需要,所以消费者需求是产品质量满意度的最终参照系。

(二)消费者产品质量满意度实现了产品质量的可比性

由于具体产品的表现形态各异,需要抽象出这些具体产品质量的共同属性,才能加总为总体产品质量的状态。但实际上,不同种类的产品,其质量属性的状态也会有不一样的表现,甚至是相反的指标属性,比如:对于纯果汁来说,不能含有果粒沉淀物,但是对于含有果肉的果汁来说,必须含有一定的果粒沉淀物。这就造成了基于物理或化学指标进行产品质量比较的现实难度,消费者对自身所消费产品质量的总体评价,就避免了不同产品属性的不一致性,可以实现不同消费者、不同区域之间的产品质量可比性。

(三)消费者产品质量满意度体现了产品生产的终极目标

消费是生产的目的,也是经济发展的目的。从质量定义的演变看,产品质量是一个越来越偏向综合性的概念,体现了消费者对产品质量的总体消费需求。对于一个地区来讲,由于产品质量满意度是相对于消费者需求而言的,因而不论是质量过剩(过高)还是质量不足(过低),都属于产品质量供求结构的失衡,进而会对整个社会的经济效益产生影响。消费者产品质量满意度是来自消费者使用产品之后的综合评定,评价本身就会受到产品性能、产品价格、自身收入水平等这些微观因素的影响,也会受到生活环境、经济发展水平、市场化程度等外部宏观因素的影响。从消费者的主观意志来分析，他们对产品质量的需求肯定是无限的，希望产品质量越高越好。但是从消费者具有的支付能力来看，消费者对质量的需求又是有限的。不同国家和地区的消费者的社会地位、经济收入、消费习惯和购买力不同，对产品质量的要求也不同。在这一现实情况下，加之市场需求和质量管制政策的瞬息万变也决定了产品质量标准的高低变化，所以产品质量高低随着经济发展水平和消费者需求的变化而变化。

因而，消费者产品质量满意度从市场需求的角度，对所生产出来的产品是否得到了消费者的认可进行评价。这对于分析如何以尽可能少的资源生产出尽可能多的、同时也符合市场需求的产品，进而为把我国产品质量供给建立在符合消费者需求的水平上提供一定的现实启发。

第四节　研究方法

一　问卷调查法

实证主义哲学的创始人奥古斯特·孔德提出，只有经验的知识才是确实可靠的，社会学问题的研究要和物理学、化学一样，建立在实证的基础上，要在经验事实中寻找不变的先后和相似关系（规律）。本研究绕不开的一个实际问题，就是我国消费者对所消费产品质量满意度到底如何？只有科学认识和把握我国现阶段消费者产品质量满意度的总体情况，才能寻找数据背后存在的原因，进而对现阶段产品质量满意度采取科学的引导措施。为了获取我国不同区域的消费者对自己日常消费产品质量的评价，本研究采用大规模消费者问卷调查形式，并在调查的过程中与典型性样本进行访谈，兼顾"广"和"深"的双重目标。这样不仅获得了我国不同城市消费者对日常消费产品质量的定量评价，而且基于这一文字式的交流方式，也避免了调查者将自己的主观偏见带入调查问卷。此外，问卷发放过程中随机发现的典型性样本，也为本研究提供了一定的灵感和思路。

二　基于微观个体进行总体分析

本研究的基本分析单位是微观的消费者个体。根据最早对个人主义方法论进行分析的米塞斯的观点,任何行为都是由个人做出来的,集体的行为特征是由个人行为表现出来的,这是因为:第一,任何行为都是由个人做出来的,一个集体的行为是经过一个人或多个人的行动表现出来的。第二,人类属于社会性动物,各种分工下的社会合作,只有在某些个人的行为中才能体现出来。排除掉个人,任何过程和社会就失去了基础。第三,集体是由个人的行为而被认识和观察的。[①]

因而,无论是不同的区域,还是不同属性特征的消费者群体,都是由微观个体加总组成的。具体到本研究中,对于单个消费者来说,其对产品质量的评价受到诸多因素的影响,既有自身的因素,又有生活环境的因素。对于千千万万的消费者来说,其对产品质量的评价又表现出哪些共性特征?对于不同经济发展水平的城市来说,宏观层面经济发展水平对消费者产品质量满意度的影响是否显著?这种影响在不同的消费者群体之间,是否具有不同程度的差异性?

三 理论分析和实证检验相结合

影响产品质量满意度的因素研究,涉及多个维度,多个变量。既需要在理论层面较为完整地探讨经济发展水平和产品质量满意度的关系,也需要在经验层面检验理论和假设的真实性。因而本研究将对已有相关研究进行提炼和总结,在此基础上,确定经济发展水平影响产品质量满意度的主要控制变量,采用本研究调查数据获得的消费者质量评价进行验证,在控制个体特征因素的基础上,找到影响消费者产品质量满意度的区域性控制变量,检验关键变量相互作用下对消费者产品质量满意度的效应,并检验经济发展水平影响消费者产品质量满意度的微观机制,进而为我国产品质量提升提供意见与建议。

总之,本研究以"消费者"作为研究的起点,采取大规模问卷调查方法,在"一手数据"的基础上进行回归检验和实证分析。这里需要指出的是,任何统计指标的实际产生,特别是数据的获得,都会受到人们主观行为的影响。即便是客观性数据的获取,也会受到主观行为的影响,从而使具体的数值出现一定的偏差。但是对于大规模消费者问卷调查,不可能得出和客观事实完全逆反的数值。

---

① Ludwig von Mise. Human Action: A Treatise on Economics [M]. William Hodge and Co. Ltd., 1949: 41-43.

第五节 研究内容与技术路线图

一 研究目标

利用不同区域、不同消费者产品质量满意度的一手数据,得出目前我国消费者产品质量满意度的总体情况,以及不同人群、不同区域的消费者产品质量满意度的特征。将消费者个体的产品质量满意度数据与消费者所在城市的经济发展数据、消费者的个体属性进行匹配,估计区域经济发展水平对消费者产品质量满意度的具体影响。试图探究经济发展水平是否对消费者产品质量满意度产生显著性影响,并回答这一影响在不同个体特征的消费者、不同区域之间是否存在差异性。最后,根据实证数据进一步分析,宏观经济发展水平影响消费者个体产品质量满意度的微观机制,为政府进行宏观质量管理提供一定的数据依据。

二 技术路线图

根据本研究研究问题和研究目标,可得出本研究的技术路线图,如图1-2所示。

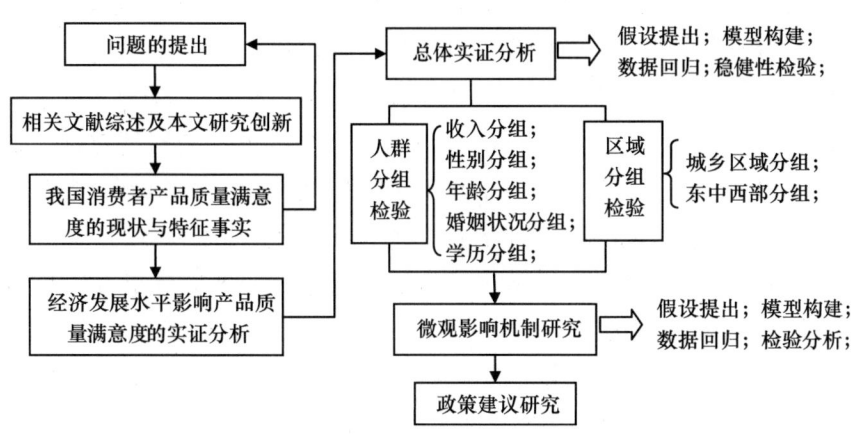

图1-2 本研究的技术路线图

三 章节安排

本研究的主要内容共分为九章,各章研究内容简要介绍如下:

第一章为导论。主要介绍研究背景和研究意义，着重分析研究论题和研究问题的提出，并对本研究的相关概念、研究方法、主要研究内容、研究难点、创新点等做了一定的介绍和分析。

第二章为国内外相关文献综述。本章第一部分是对产品质量满意度研究的综述，主要介绍了产品质量满意度的评价方法、评价原则和现有主要指标的应用现状，在此基础上对现有指标的优势和劣势进行了简要评估。第二部分是经济发展水平影响产品质量的文献综述。第三部分是经济发展水平影响消费者产品质量满意度的文献综述。第四部分给出了文献的简要评述。

第三章为重点介绍我国消费者产品质量满意度问卷调查和测度结果。本章第一部分提出消费者产品质量满意度的测度原则。第二、第三部分主要介绍了测度的计算方法、调查区域、抽样方法和有效样本量的统计。第四部分则基于定量计算给出我国消费者产品质量满意度的总体状态，并基于不同人口统计特征和区域，给出相应的消费者产品质量满意度水平。

第四章为经济发展水平影响消费者产品质量满意度的总体实证检验。本章第一部分为引言，主要介绍本章所研究的问题。第二部分基于产品质量的供给——需求关系，从理论层面提出经济发展水平这一外部因素对消费者产品质量满意度的影响以及所涉及的相关因素，并提出研究假设。第三部分提出了反映经济发展水平的人均GDP影响产品质量满意度的计量模型和计量方法，并给出了计量模型中所涉及变量的含义和数据来源。第四部分得出总体回归结果，回答"区域经济发展水平是否对消费者产品质量满意度产生了显著影响"，并进行稳健性检验。本章第五部分则着重探讨了其他非控制变量对消费者产品质量满意度的具体影响。

第五章为经济发展水平影响产品质量满意度的人群分组检验与分析。本章第一部分为引言，主要介绍本章所研究的问题。第二至第六部分是消费者不同个体特征分组的异质性分析，主要分析经济发展水平对消费者产品质量满意度的影响，对于不同收入水平、不同性别、不同年龄、不同婚姻状况和不同学历的消费者是否存在差异。在每一部分的人群分组分析中，首先检验"反映经济发展水平的人均GDP对不同类型的消费者产品质量满意度的影响是否具有差异"；其次对不同类型产品质量满意度影响因素的差异进行比较；最后再对第三章得出的不同类型消费者产品质量满意度进行实证解释。

第六章为经济发展水平影响产品质量满意度的区域分组检验与分析。本章第一部分为引言,主要介绍本章所研究的问题。第二部分介绍城乡分组的异质性分析,主要分析经济发展水平对消费者产品质量满意度的影响,对于城镇居民和农村居民是否存在差异。第三部分是东中西部分组异质性分析,主要分析经济发展水平对消费者产品质量满意度的影响,对于东部、中部和西部的消费者是否存在区域差异。在区域分组分析中,首先检验"区域经济发展水平对不同区域消费者产品质量满意度的影响是否具有差异";其次对不同区域产品质量满意度影响因素的差异进行比较;最后再对第三章得出的不同区域消费者产品质量满意度差异进行实证解释。

第七章为经济发展水平对消费者产品质量满意度的影响机制研究。本章第一部分提出经济发展水平影响消费者产品质量满意度的微观机制的猜测。第二部分提出验证这一猜测的计量模型方法和主要变量。第三部分对微观影响机制计量模型进行回归检验,验证猜测是否成立。第四部分针对本章的回归结果,得出经济发展水平影响消费者产品质量满意度的微观机制,并进行解释说明。第五部分定量分析每一条影响路径下经济发展水平对消费者产品质量满意度的影响程度。

第八章为提升我国消费者产品质量满意度的政策研究。本章第一部分为引言,主要介绍本章所研究的问题。第二部分梳理本研究对政府宏观质量管理的主要启示。第三部分则针对这些启示给出若干政策建议。

第九章为研究结论、不足与研究展望。本章较为系统地整理本研究的主要结论、研究的不足以及未来研究的重点方向。

第六节 研究难点与创新点

一 研究难点

(一)质量评价数据的获取

基于产品质量的内涵,提炼出其评价的原则和方法。确定科学的城市和人群的抽样框,基于消费者调查的实证数据,定量得出我国主要城市的居民对日常所消费产品的质量评价。

（二）计量模型的构建

基于成熟的经济理论，梳理经济发展水平对消费者产品质量满意度的影响机理，确定经济发展水平对消费者产品质量满意度的计量模型。由于被解释变量消费者产品质量满意度数据为离散型（序数性）数据，解释变量经济发展水平数据为连续型数据，需要确定对这两种数据进行回归检验所使用的计量方法。

（三）基于实证数据的分析

本研究中既有对宏观数据的收集与分析，又有来自"消费者"的主观评价数据和人口统计特征数据。因而，在研究的过程中，不仅要关注数据的收集和计算结果，更要注重研究数据结果的分析，使得数据既能够支撑分析和结论，又能避免陷入数据的误区。根据模型的回归结果，定量得出宏观的经济发展水平是如何影响消费者对产品质量的评价，并得出经济发展水平对我国不同区域、不同个体特征消费者产品质量满意度影响的异质效应。

二 研究创新点

（一）定量得出我国消费者产品质量满意度总体状况和结构特征

受限于质量评价数据的收集较为困难，目前学术界关于产品质量与经济发展水平的研究，主要是从产品本身的固有性能（如产品质量合格率、假冒伪劣率等）指标来观测产品质量。但从产品质量的定义来看，产品质量是"固有性能"与"满足需求"的统一，产品质量的特性必须在消费者使用之后才能展现出来。随着市场竞争程度的日益激烈，产品质量满意度越来越倾向于使用主体的满意程度。因而，本研究基于消费者使用之后的感受对产品质量进行评价，通过随机抽样，在我国85个城市开展了消费者产品质量满意度的问卷调查。通过对约1.1万名消费者的问卷调查和调查结果统计，定量得出目前我国消费者产品质量满意度的总体状况，主要包括：我国消费者产品质量满意度处于及格水平；不同性别、不同年龄和不同文化程度的消费者产品质量满意度有差异；城镇居民产品质量满意度高于农村居民；东中西部消费者产品质量满意度逐步递减等。这些实证结果从消费者感知的角度，定量给出了我国产品质量总体评价结果和差异特征，在一定程度上对现有研究给予了一定的补充。

（二）从经济发展角度解释我国不同人群和地区消费者产品质量满意度差异

现有关于消费者产品质量满意度的研究主要是从产品品牌、价格等因素对消费者心理和行为的影响来展开，很少将不同城市的经济发展水平与该地区消费者产品质量满意度进行对比性定量研究。本研究在理论分析的基础上，构建了反映区域经济发展水平的人均 GDP 影响消费者产品质量满意度的计量模型。根据该计量模型，在控制居民绝对收入、消费性支出占比、第三产业占比、居民收入差距和消费者人口统计特征的情况下，显示出反映经济发展水平的人均 GDP 对消费者产品质量满意度的影响始终显著，且影响方向始终为正向。同时，根据模型的进一步回归，得到人均 GDP（对数）对我国消费者产品质量满意度的影响系数约为 0.178。本研究还将这一影响的差异性在我国不同人群、不同地区（城乡区域和东中西部区域）进行实证检验，并结合所构建计量模型中的区域变量和消费者个体特征变量，具体分析了我国不同人群和地区消费者产品质量满意度存在差异的主要影响因素。结果表明：目前我国居民收入水平和收入差距对产品质量满意度的负向影响已趋近于"U"形曲线底部，服务业快速发展带来的信息流通不但没有提升反而显著降低了消费者对产品质量的评价。

第二章 相关文献综述

商品在出厂前影响其产品质量的主要因素是企业的内部因素（人、机器、原材料、方法和生产环境）。商品进入流通领域之后，影响消费者产品质量满意度的因素主要包括产品（商品性能、价格、品牌、包装、设计等）、消费者（收入、偏好、习惯等）和社会环境（经济发展水平、市场结构等）三大方面。通过文献梳理可知，经济发展水平的提高对产品质量的提高有一定的促进作用。产品质量的提升，某种程度上又带来消费者产品质量满意度的提高。因而为了更好地梳理"经济发展水平"这一宏观经济特征与"消费者产品质量满意度"的关系，本部分文献综述将在产品质量的评价方法研究综述的基础上，从"经济发展水平影响产品质量"和"经济发展水平影响消费者产品质量满意度"两个方面展开，并在此基础上对产品质量满意度方法进行梳理。

第一节 产品质量评价文献综述

一 产品质量评价方法演变

自 20 世纪 30 年代以来，产品质量评价方法的研究主要集中于"基于产品性能""基于经济成本"和"基于消费者需求"三个方面，与"产品质量"定义的演变和发展具有一致性（符合性阶段、适用性阶段和满意性阶段）。

（一）基于产品性能的角度

英国作为第一次工业革命的发源地，最早将质量定义为"产品或有关工作相对于某一选定标准的符合程度"。但是关于产品质量的专门研究，发源于20世纪初的美国。1931年休哈特出版的著作《产品生产的质量经济控制》(*Economic Control of Quality of Manufactured Product*)，目前被认为是质量基本原理的起源。这是因为19世纪末20世纪初的第二次工业革命，直接促进了美国的工业生产迅速发展，由于企业规模的扩大以及企业内部分工的细化，企业开始进行产品质量的检验，质量意味着"符合要求"，关乎产品的耐久性。美国军标（1969）提出，质量是一个零件或产品的包括性能在内的所有属性和特征的组合。日本标准协会（1981）提出质量是全部特性或特征，它们作为评价目标决定产品或服务能否满足需要。1986年，国际标准化组织（ISO）发布ISO 8402—1986《质量管理和质量保证术语》将质量定义为：产品或服务满足明确或隐含需要能力的特性综合。

（二）基于经济成本的角度

20世纪30年代，苏联有关专家认为质量可以用以下公式来表示，其中K为产品质量，π为使用价值，C为生产该产品所消耗的社会平均劳动量即价值。所以，该定义所指的产品质量就是单位价值的使用价值。20世纪40—50年代，Feigenbaum提出质量并非意味着绝对的最佳，而是"顾客使用和售价的最佳"[①]，也就是用最经济的水平生产出客户完全满意的产品。他认为质量是一个综合性概念，企业战略、价格、生产成本、生产率、能源消耗和环境污染等都与质量相关。Crosby（1962）提出产品质量就是零缺陷，追求一次就把事情做好。20世纪70年代田口玄一认为，质量是产品上市进入流通领域后给社会带来损失的大小。Broh（1982）认为质量是在一个可接受的价格内提供的产品性能，即承担得起的卓越性（affordable excellence）。[②]

（三）基于消费者需求的角度

自20世纪70年代以后，随着新技术、新工艺、新设备、新材料大量的涌现，加之科学技术的飞速发展和市场竞争的日趋激烈，制造工业

[①] Feigenbaum, A V. Quality Control: Principles, Practice and Administration; an Industrial Management Tool for Improving Product Quality and Design and for Reducing Operating costs and Losses [M]. New York: McGraw-Hill industial organization and management series, 1945: 18 – 130.

[②] Broh, R. A. Managing Quality for Higher Profits [M]. New York: McGraw-Hill, 1982: 3 – 76.

产品的技术水平迅速提高，产品更新换代的速度大大加快，质量问题更加复杂，促使人们对质量的认识也趋向深入和广泛。从哲学角度看，产品质量是类似于哲学上对"美"的理解，它只有在暴露于一系列对象之后才能显示其特点。J. M. Juran 等（1979）基于用户的角度对质量进行定义，产品质量就是产品的"适用性"（fitness for use），即产品在使用时能成功地满足用户需要的程度。[①] Garvin（1984）提出不同于产品导向和制造导向的观点，质量也不同于客观品质，客观品质被认为是不一定存在的，因为所有的品质都是由人们感知出来的。Noriaki Kano（1984）提出魅力质量，其含义就是超越顾客期望，产品或服务能够达到顾客意想不到的新质量，带给顾客惊喜感和愉悦感。Maynes（1976）认为不存在产品客观质量，几乎所有的产品质量满意度都是消费者的主观态度和主观行为。Huber 和 Holbrook（1979）提出质量是一种相对全面的价值判断，质量可分为机械质量和人文质量，其中"机械质量指的是事物的客观方面或特征，人文质量是指人们对事物的主观反映"[②]。Zeitbaml（1988）认为，客观质量是能够测量或能够证实的那些在某些预先所设定标准方面的优越性。国际标准化组织（ISO）1994 年颁布的 ISO 8402—1994《质量管理和质量保证术语》，把质量定义为：产品或服务满足实体明确和隐含需要能力的特性总和。国际标准化组织（ISO）在 2000 年版的质量定义中，将质量的定义又修改成"一组固有性能满足需要的能力"。

（四）产品质量评价方法演变的特征

1. 主要评价主体由生产者角度转向消费者

随着生产力和市场经济的发展，质量的定义呈现由生产者向需求者的转变。在经济发展早期，生产者处于经济的中心位置，质量的内涵更多关注产品性能、制造成本。随着竞争的加剧和买方市场的出现，企业更多地关注顾客的需求，从消费者的需求来看待质量。尤其是 ISO 在 1986 年、1994 年对质量的定义中，"需要"是修饰词，强调的是"性能"，但是在 2000 年版的定义中，"性能"是修饰词，而

---

① Juran, J. M. Quality Control Handbook (3rd edn) [M]. New York: McGraw-Hill, 1979: 6–89.

② Huber J., M. B. Holbrook. Using Attitude Ratings for Product Positioning [J]. Jouranl of Marketing Research, 1979, Vol. 16 (4): 507–516.

"需要"则成了主体,更多地体现了消费者的需要。产品质量不仅是指产品本身,更多地转向消费者需要、感知体验等,体现了产品质量内涵的广泛性。

2. 评价内容由技术性达标与否转向收益高低的量化

基于产品性能的质量定义,其含义是质量符合要求,因此质量不分高低,也无好、差之分,而是分为"有"或"无"。但基于经济成本角度和基于消费者角度的质量定义,均是指产品功能实际优越性或卓越性的程度,具有"高低""优秀程度"之分,体现了消费者从不同质量水平的产品中获得的不同效用。

3. 评价基准具有相对性

以上无论是哪一种质量评价方法,都有一个用来比较的基准。基于产品性能指标的评价方法,产品质量的比较基准是产品质量的合格线;基于经济成本角度的评价方法,产品质量的比较基准是平均成本;基于用户需求角度的评价方法,产品质量的比较基准是消费者的实际需求。可以说,产品质量不是一个绝对的数量概念,随着产品数量的增加不一定增加。要评价产品质量的高低,就要基于一定的比较基准。随着经济社会的发展,企业的技术创新能力将不断提高,同时消费者对产品质量的要求也将越来越高,因而评价产品质量是否"合格"的"标准"(其实质为消费者需求)也越来越高。

二 产品质量评价指标的应用现状

在应用层面,目前应用范围较为广泛的产品质量的评价指标,主要有产品质量监督抽查合格率、基于宏观国际贸易指标的评价、基于合格率或优质率的综合评价,以及基于顾客满意度的评价等四类指标。这四类指标在应用方面存在的优势和劣势,本节将分别进行分析。

(一)监督抽查合格率

"监督抽查合格率"是指我国政府质量监管部门,按照一定的抽样方法,基于某项检验标准,针对某些高安全风险的产品所进行的质量执法行为。其主要评价标准是被检产品不合格的批次占总抽查批次的比率。

产品质量监督检查制度是我国产品质量监管部门根据相关法律的规定,对产品质量进行监督和管理的主要方式。它是国务院以及省、市、县级质量监督部门，组织产品质量检验机构通过对企业生产、销售的产品进行抽样、量化指标检验，进而判定产品质量是否合格，并对抽查样品不合格的企业采取相应处理措施的国家监督活动。产品质量监督检查制度自1985年被确立以来，在30年具体运行的过程中，其法律法规、工作方法、技术、机构、人员等各方面，不断得到完善和发展。目前，全国已形成了以国家监督抽查和地方监督检查两头并重的产品质量监督检查体系，尽管其管理和技术还存在一些问题，但产品质量监督检查已成为政府及时了解产品质量问题、把握行业状况的可靠手段。应该可以看到，区域产量质量评价就其本质而言，就是通过科学的抽样、检验等技术，获得某一区域或行业中总体产品的质量等级状态。

根据《中华人民共和国产品质量法》（2000年修正版，简称"产品质量法"）的相关规定，监督抽查合格率指标具有如下优点：第一，产品质量监督检查是国家强制实行的法规制度。作为上位法的《产品质量法》，其第十五条既为产品质量监督行政执法活动提供了行为规范，又为产品质量的监督提供了法律依据。对于依法进行的产品质量监督检查，生产者、销售者都不得拒绝。第二，产品质量监督检查的对象是事关安全的产品。根据法律法规，产品质量监督抽查的产品范围包括三个方面：可能危及人体健康、人身财产安全的产品，如食品、药品、医疗器械和医用卫生材料、化妆品、压力容器、易燃易爆产品等；影响国计民生的重要工业产品，如农药、化肥、种子、计量器具、烟草以及有安全要求的建筑用钢筋、水泥等；消费者和有关社会组织反映有质量问题的产品，包括假冒伪劣产品、掺杂掺假、以次充好、以假充真、以不合格产品冒充合格产品或造成重大质量事故的产品等。可见，产品质量监督抽查是通过对最关键的质量安全领域的控制，从而达到对区域总体质量的监管。

目前，监督抽查合格率也存在一定的应用缺陷，主要表现为如下两个方面：

1. 所抽样产品的行业仍存在一定的随意性

目前监督抽查的产品种类不是按照统计学规律进行抽查，而是根据本区域产品质量问题较为突出的产品领域、本地特色产业或季节性消费进行产品抽查，例如：端午节时一般会对粽子、中秋节时一般会对月饼进行监督抽查。这种较为随机的抽样方法,造成了各小类产品的质量监督抽查合格率不能最后加权合成制造业总体的质量监督抽查合格率。国际上一般是用销售额或者产值为抽样因子,进而确定能够代表整个制造业行业的小类产品行业抽查样本的。

2. 抽查的产品还不完全是最终消费品

最终消费品是与消费者距离最近的产品,尽管中间产品的产品质量在最终产品中也能得以体现。但是,如果将中间产品也纳入统计范畴,加上直接计算的最终产品,就会导致由重复计算造成统计结果错误。另外,消费者对中间产品的质量感知不太明确,难以对中间产品自身的产品质量(不包括其他产品)进行专门评价,因而某种程度上也会造成产品质量满意度上的误差。

(二)基于宏观国际贸易指标的评价

由于直接评价产品质量的数据获取难度比较大,在不同国家产品质量水平的对比中,最为常见的方法就是采用价格或"单位价值"作为产品质量的衡量指标。

所谓"单位价值"的计算方法,就是用贸易产品的货币价值除以数量。Khandelwal(2010)指出价格不仅反映产品质量,也可以反映生产成本的差异,可采用价格和数量信息来代表一个国家的产品质量水平。[①] 根据产品出口价格和该国贸易差额,Hallak 和 Scott(2011)在对一国的产品质量进行统计时,将一国出口的产品价格分解为质量因素的部分和剔除质量因素的部分[②],由此解释了1989—2003年世界主要出口国的产品质量。用"价格"或"单位价值"指标作为产品质量指标的最大优势在于它们属于贸易交易的数据,比较容易获得。但是,如果将不同国家劳动生产率的差异考量在内的话,"价格"或"单位价值"就难以衡量产品的质量了。为了解决"价格"或"单位价值"指标的局限性,本研究在测度产品质量的时候还需考虑"市场份额",即当两种产品的"单位价值"相同时,市场份额越高的产品,其质量越高。

---

① Khandelwal, A. The Long and Short Quality Ladders [J]. The Review of Economic Studies, 2010, Vol. 77 (4): 1450 – 1476.

② Hallak J. C., Scott P K. Estimating Cross-Country Differences in Product Quality [J]. The Quarterly Journal of Economics, 2011, Vol. 126: 417 – 474.

另外，也有学者采用非价格指标表示产品质量，Hallak（2006）认为，可以"采用进口国和出口国的平均收入作为评价不同国家产品质量水平的指标"[1]；Verhoogen（2008）在研究中使用是否通过国际生产标准 ISO9000 质量体系认证这一指标来代替产品质量水平；Gervais（2009）用剩余需求代表产品质量。

（三）基于合格率或优质率的综合评价

从我国对区域产品质量满意度的研究和应用来看，主要是集中于合格率或优质率等反映产品性能的指标。在研究层面，我国学者程虹（2009）基于"质量伤害"的假设，确定了覆盖产品、服务、工程和环境的总体质量指数，设计了以事故率、优良率、抽检合格率等客观指标为基础，居民满意度指数这一主观指标为补充的区域产品质量指数（TQI）的模型架构。于彭、黄冲等（2010）提出了产品销售率、抽样合格率、质量损失率和顾客满意度指数综合而成的宏观质量指数。在应用层面，自20世纪80年代以来，我国政府部门根据不同时期的具体情况，制定了不同的质量指标体系和考核方法。1982年，我国国家统计局统计了国家层面的两项质量指标"质量稳定提高率"和"优质产品产值率"。1986年国家统计局在原来质量指标的基础上增加了"监督抽查合格率""质量计划完成率"和"出口商品检验批次合格率"三个质量指标。1994年国家统计局统计的质量指标改为"产品质量等级品率""工业产品销售率""质量损失率"和"新产品产值率"。但是这套质量指标由于收集难度比较大（质量损失率由企业自报，科学性难以保证）、统计口径不统一（对产品质量等级、新产品的划分标准不清晰）等原因，使得该指标的应用受到很大的限制。[2]为了实现区域产品质量水平的评价和对比，在温德成（2005）、蒋家东（2005）等学者研究成果的基础上，国家质检总局于2005年提出了质量竞争力指数（Quality Competitiveness Index）。该指数由质量水平和发展能力两个二级指标、6个三级指标，以及产品质量等级

---

[1] Hallak J. C., Product Quality and the Direction of Trade [J]. Journal of International Economics, 2006, Vol.1: 238-265.

[2] 徐京辉：《产品质量分析与评价技术基础》，中国标准出版社2007年版，第50—124页。

品率、微电子控制设备比重、质量管理体系认证率、质量损失率等 12 个观测变量构成。

(四) 基于顾客满意度的评价

企业的产品质量和顾客满意程度密切相关 (Noriali Kanot, 1984)。顾客满意度指数 (Customer Satisfaction Index, CSI) 是从终极的角度，观测产品质量发展的能力。顾客满意度是指顾客对其明示的、隐含的需求或期望已被满足的程度的感受。

自 20 世纪 80 年代以来，西方学者针对顾客满意度开展了较多的研究，并形成了顾客满意度指数的计量模型。该指数是根据顾客对某项产品或服务的评价，描述顾客对产品的认知 (期望值) 和感知 (实际感受值) 之间的差异，进而依次测量顾客满意的程度，解决了不同产品与服务无法直接进行质量比较的问题。1989 年，美国密歇根大学质量研究中心 Fornell 博士对理论研究成果进行总结，把消费者购买前的期望、购买后的感知、购买价格等因素进行结合，构建了一个计量经济学的逻辑模型，即费耐尔逻辑模型。该模型也是目前被事务部门广泛运用的消费者满意度指数理论。1989 年，瑞典统计局首次应用 Fornell 的模型，设计了"瑞典消费者满意度测评标准"(SCSB)。此后的美国顾客满意度指数 (ACSI)、欧洲顾客满意度指数 (ECSI) 等都是在该模型基础上建立起来的。以 2010 年 10 月的 ACSI 为例，最高层为国家顾客满意度指数，下面分为部门顾客满意度指数、行业顾客满意度指数和企业顾客满意度指数，测评体系涵盖 12 个部门、47 个行业、225 家企业和机构。ACSI 中每个企业的 CSI，都是基于对随机选取的 250 名顾客进行电话或网络调研的基础上生成的，每年大概需要调研 5 万—7 万名顾客。目前我国的 CSI 研究大部分是针对具体行业或企业产品或服务所开展的满意度测定，方法也有一定的差异，尚未形成中国顾客满意度指数体系。

综上所述，以上应用范围较大的产品质量指标都存在不同方面的优势，侧重于不同的角度对产品质量进行评价。对照产品质量满意度基本原则 (科学性、可行性和可比性)，对以上应用范围较大的产品质量满意度指标进行比较，比较结果如表 2-1 所示。

表2-1　　　　　　　　产品质量评价指标的比较

产品质量评价方法	科学性	可行性	可比性
监督抽查合格率	**	**	*
国际贸易指标	***	***	*
基于合格率或优质率的综合评价	***	**	*
顾客满意度	***	**	***

注："***"表示"优势较强"；"**"表示"优势一般"；"*"表示"优势不明显"。

本书研究的是经济发展水平对产品质量满意度的影响关系，因而选取产品质量评价指标的核心原则就是"可比性"，否则将无法进行量化对比。从表2-1看出，监督抽查合格率、国际贸易指标、基于合格率或优质率的综合评价这三类指标的可比性较差，因而会对计量结果产生较大程度的偏差。但是，基于消费者的顾客满意度评价在可比性方面具有较强的优势。同时，对于顾客满意度调查来说，如果严格采用费耐尔逻辑模型进行计算，开展顾客满意度大规模问卷调查的成本将会非常高，可行性较为一般。因而本研究将借鉴顾客满意度的问卷调查方法，采取针对消费者的问卷调查，采用直接打分法获取较大范围的消费者产品质量满意度的数据。

三　消费者产品质量满意度内涵及其影响因素

从本节以上两部分的文献梳理可得，在产品出厂前影响产品质量的因素，主要是企业的内部因素（人、机器、原材料、方法和生产环境等）。但是产品进入流通领域之后，产品质量的评价主体已不再是产品制造商或工程师，而是购买产品的消费者。消费者产品质量满意度的内涵可以抽象为如图2-1所示。

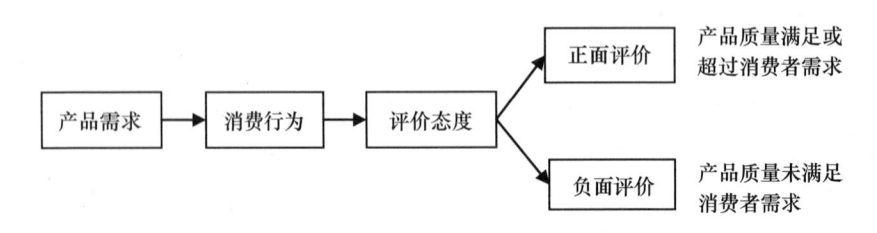

图2-1　产品质量满意度内涵示意图

当消费者所消费产品的质量，能够达到或超过消费者需求，则消费者会对该产品质量给予正面评价。相反，如果消费者所消费产品的质量未能满足消费者需求，则消费者会对该产品质量给予负面评价。因而，产品质量满意度具有主客观双重本性。

产品质量满意度的主观性从表层样态来说，主要表现在产品质量满意度属于主观意识范畴，产品质量满意度的高低是一种态度或心理体验。若从其评价的内容和实质来分析，消费者产品质量满意度具有一定的客观性，因为它反映的是消费者需求的满足或生存发展的完满，体现了产品质量所具有的客观内容之本性。在产品质量满意度的统一体中，虽然主观性有可能超越客观性而具有独立性，但主观性是被决定的方面，客观性是具有决定意义的方面。这种决定性主要表现在以下两个方面：一方面，消费者是否对产品质量有正面评价，取决于该消费者的质量要求、目的、欲望是否能够得到实现或满足，而不以他自己的意志而转移。如果消费者需求或目的得到了满足，则其对产量质量就会有正面评价。如果他的需求或目的没有被满足，则对产量质量就不会有正面评价。另一方面，消费者对产品质量满意度的高低，取决于该消费者得到满足的程度和客观性。也就是说，消费者对产品质量满意度的高低与他的主观感觉无关，而是完全取决于他对产品需求的客观等级。因而，消费者对产品质量满意度或高或低，最为核心的原因是由于产品质量的客观性满足或未满足消费者需求的程度，这体现了主观形式与客观内容的一致性，同时也符合产品质量的本性。虽然从表面上看，消费者产品质量满意度属于主观性的判断，然而实质上它不是主观任意的，而是由一个人的需求被满足的客观状况决定的，因而又是一种客观的事物，体现了消费者产品质量满意度的客观性。

很明显，由于消费者产品质量满意度具有主客观双重性质，消费者产品质量满意度主要受产品、消费者自身和社会环境三大方面因素的影响。

首先，从产品自身因素来看，影响消费者产品质量满意度的产品因素主要包括产品性能、产品价格、可靠性、品牌等。产品质量是"一组固有性能满足需要的能力"，产品的固有性能越能满足消费者的需求，消费者对产品质量满意度就越高。其次，从消费者自身因素分析，依据较为成熟的顾客满意度模型，消费者对产品质量满意度来自消费者的感知质量与预期质量的差值：感知质量高于预期质量，消费者对产品质量满意度就较高；感知质量低于预期质量，消费者对产品质量满意度就较低。因而，消费者本身的个体特征对产品质量满意度有直接影响。主要包括消费者的个人收入、质量偏好、质量素质等。人们对产品质量满意度有共同的一面，也有差异的一面，不同区域、收入、性别、年龄、受教育程度的消费者产品质量满意度是有差异的。因此不同消费者对产品质量的认同和追求是不一样的，体现了产品质量满意度因人而异的相对性。最后，从外部社会环境来看，虽然产品质量是企业生产制造出来的，但外部系统的激励与约束制度会对质量的生产主体——企业和质量的评价主体——消费者都产生直接的影响。这是因为消费者对产品质量的评价，都是在一定的社会环境和经济条件下进行的，其本身就会受到多种客观因素的影响，不仅受产品和自身收入等因素的影响，而且还受所生活区域的经济社会环境的激励与约束。从文献梳理看，影响消费者产品质量满意度的外部环境因素主要包括经济发展水平、市场化程度、科技发展水平、文化程度等。本研究所关注的问题就是社会环境中的经济发展水平这一因素对消费者产品质量满意度的影响。

第二节 经济发展水平影响产品质量的研究综述

自 20 世纪 50 年代起，国外经济理论中开始探索产品质量与经济发展的研究，Abbott（1955）指出由于市场竞争不是单一的价格竞争，产品质量逐渐成为市场竞争的关键要素。[①] 自 20 世纪 50 年代以来，产品质量对社会经济发展的深远影响，越来越得到经济学家的共识。相关理论表明，一个国家的经济增长与产品质量的提升密切相关：经济学家 Simon Kuznets（1956）提出一个国家的经济增长质量是指向人民提供品种日益增加的经济商品能力的持续提高。产品质量不仅是决定企业经济实力的首要因素，也是展现一国竞争能力和经济实力的主要因素（Feigenbaum，1982）。产品质量与一个国家最终经济发展相互促进。本节将主要讨论经济发展水平影响产品质量的文献综述。

本研究研究的问题是，外部社会环境中的经济发展水平对消费者产

[①] Abbott, L. Quality and Competition [M]. New York: Columbia University Press, 1955: 32 - 87.

品质量满意度的影响。"经济发展"不仅意味着国民经济规模的扩大，更意味着经济运行投入产出效率和居民生活质量的提高，其所涉及的内容超过了单纯的经济增长，比经济增长更为广泛。可以说，经济发展水平较高的区域，人均产出或人均收入都相对较高。目前关于经济发展水平影响产品质量的研究，一个国家或地区的经济发展水平主要是通过人均收入水平、工资水平等宏观经济指标来替代的。同时，受产品质量水平数据难以获取的现实因素影响，随着不同国家细分数据的逐渐公开，经济发展水平和产品质量的实证研究才逐渐增多，但研究主要集中在国际贸易领域和在不同国家之间展开的经验性研究。

较早涉及区域经济发展对产品质量产生影响的理论，主要有比较优势理论和生产要素禀赋理论。大卫·李嘉图的比较优势理论预测，经济发展水平较高的国家（富国）在生产和消费更高质量的产品上具有比较优势，所以经济发展水平较高的国家将生产和消费更高质量的产品。Heckscher（1919）和 Ohlin（1924）提出的生产要素禀赋理论（简称 H-O 模型）认为，经济发展水平较高的国家（富国）是资本要素比较丰裕的，由于高质量的产品是资本密集型的产品，所以经济发展水平较高的国家（富国）在生产高质量的产品上具有比较优势。① 因而，按比较优势理论和要素禀赋理论，经济发展水平较低的国家（穷国）或地区始终生产低附加值的原材料和初级产品，而经济发展水平较高的国家或地区始终生产高附加值的产品，高附加值产品使得经济发展水平较高的国家或地区获得更丰厚的比较利益。基于南北贸易模型、区域经济增长和收入分配等理论，我们将从理论层面分析区域经济发展水平与产品质量的相关关系。

一 基于南北贸易模型的研究

关于产品质量的相关研究，主要源于产品同质性向产品差异化研究的不断拓展。随着相关研究对产品差异化和产品种类的进一步探讨，基于垂直产品差异化（Vertical Product Differentiation）所构建的南北贸易动态模型认为，垂直产品差异主要取决于产品质量的差异。南北贸易模型的主要观点就是，由于南北国家在技术水平、居民收入和收入分配方面

---

① Heckscher EF. The Effect of Foreign Trade on the Distribution of Income, 1919. Ohlin BG. The Theory of Trade, 1924.

存在差异，经济发展水平较高的北方在生产新的、较高质量的产品时，会将旧的、较低质量的产品转移到经济发展水平较低的南方进行生产。南北贸易模式的结果就是：经济发展水平较高的北方国家生产和出口高质量的产品，而经济发展水平较低的南方国家生产和出口低质量的产品（Harry & Helpman，1987）。

进一步分析来看，南北贸易模型的四个重要的假设，就涉及了经济发展水平与产品质量水平的关系：经济发展水平越高的地区，其所生产和消费的产品质量水平越高。这一结论隐含的结论就是，经济发展水平越高的地区，其居民消费较高质量的产品。南北贸易模型的四个重要假设分别是：第一，较富裕的国家具有生产更高质量产品的比较优势；第二，较富裕的国家出口的产品质量高于较贫穷国家出口的产品质量；第三，生产较高质量产品的国家，出口更多产品到较富裕国家；第四，出口企业生产的产品质量高于非出口企业生产的产品质量。在南北贸易模型的基础上，Hallak（2006）、Bastos & Silva（2009）和 Manova & Zhang（2009）等学者的实证研究，也进一步验证了更高质量的产品（更高单位价值的产品）出口到经济发展水平更高、收入更高的国家。Hallak（2006）运用60个国家部门间的双边贸易数据，验证了产品质量决定贸易方向的理论，即经济发展水平更高的富国趋向于从生产高质量产品的国家进口更多的产品。因而，南北贸易模型相关实证研究隐含的结论，就是对于经济发展水平较高的高收入国家或地区，生活在该地区的居民所消费的产品质量高于经济发展水平较低的低收入国家或地区。

由于产品质量无法直接观察或测量，不同种类产品的质量评价标准也不一致，为了解决这一难题，有部分文献通过测量目标产品的价格和数量占 GDP 的比重，进而间接得到产品质量满意度指标。这种产品质量满意度测量方法被 Broda、Weinstein（2006）的研究所采用，该研究通过分析1972—2001年美国从不同种类进口产品中获得的利益，提出：由于进口产品种类的扩展，美国从 1972—2001 年贸易中所获利益是 2001 年 GDP 的 2.6%。① 这一研究所隐含的结论就是：经济发展水平更高的较为富裕的国家，其所进口产品的价格也越高、进口数量也越大，该国消费者所消费的产品质量也相对较高。

---

① Broda, C., D. E. Weinstein. Globalization and Gains from Variety [J]. The Quarterly Journal of Economics, 2006, Vol. 121 (2): 541-585.

二 基于区域经济增长的研究

均衡增长理论（Balanced Growth Theory）以新古典经济增长模型为基础，提出的一个主要观点就是：经济发展水平较低的落后地区存在着生产与消费的低水平均衡状态。因而，根据该理论的主要观点，经济发展水平较低的落后地区经济增长，需在各产业、各地区之间均衡部署生产力，以打破生产与消费的低水平均衡状态。因而，均衡增长理论主张通过投资乘数效应实现区域生产和消费水平的提升。但该理论面临的一个现实问题是，在区域经济整体都比较落后的地区，如果把本身就非常稀缺有限的资金较为分散地投放到不同部门或不同地区，很容易步入"低水平均衡陷阱"，不可能取得好的经济发展效果。因而，根据均衡增长理论的主要观点，可以得出相对于经济发展水平较高的发达地区，经济发展水平较低的落后地区的生产与消费水平处于较低的层次。

此外，在新经济增长理论中的产品质量升级增长理论，也将经济发展水平与产品质量水平进行了联系。产品质量升级增长理论认为，一个地区的经济增长不仅表现为产品数量的持续增加，还表现为产品质量的不断提高（或称为产品质量升级）。同时，产品质量的提高是经济行为主体为追求利润最大化，进而不断进行技术创新的一个结果。因而，质量升级型增长模型所蕴含的核心思想认为技术进步是经济增长的唯一源泉，并且这种技术进步体现为产品质量的持续提高。质量升级型经济增长模型突破了传统经济增长等同于产品数量增加的思路，指出与经济增长过程相伴而生的是旧产品不断被淘汰，为使社会福利达到最大化，应通过相关政策的制定和实施促使经济增长率达到一个合理值。其中，Grossman、Helpman（1991）和Segerstrom（1991）等人建立的产品质量升级型增长模型也认为，技术进步表现为产品质量的持续提高。[1] "创新"表现为一个创造性破坏过程，技术进步会促使低质量产品或旧产品不断被淘汰。Segerstrom（1991）、Grossman和Helpman（1991）在相关研究中，都采用"创新"和"模仿"来共同解释经济的增长，他们认为创新和模仿都代表了技术进步，他们都是厂商为了追求利润最大化所

---

[1] Gene M. Grossman, Elhanan Helpman. Innovation and Growth in the Global Economy, Cambridge [M]. MA: MIT Press, 1991: 85. Segerstrom, P. Innovation, Imitation, and Economic Growth [J]. Journal of Political Ecomomy, 1991, Vol. 99 (4): 27 - 807.

进行意愿投资的结果。此外，Segerstrom（1991）所假设的创新和模仿活动是由同一国家的不同厂商所进行，而 Helpman 和 Grossman（1991）所假设的创新和模仿活动，则分别发生于经济发展水平较高的发达国家与经济发展水平较低的发展中国家。但是，这两个不同的假设并不会造成研究结论的本质差异。因而，根据产品质量升级增长理论，经济增长不是等同于产品数量增加，而是产品质量的不断提高。这是因为对于经济发展水平较高的国家或地区来说，企业进行创新活动的积极性较高，而技术进步促使低质量产品或旧产品不断被淘汰，其最终结果可以带来该国家或地区的产品质量水平不断提高。

三 基于收入分配的研究

瑞典经济学家林德（Linder）在1961年基于需求阐述国际贸易产生原因的研究中，提出影响一国需求结构的主要因素是收入水平，收入水平较高的发达国家对高质量产品具有强烈的需求偏好。[①] 在林德假说的基础上，Falvery 和 Kierzkowski（1987）把比较优势理论和要素禀赋理论结合在一起，构建了产品质量垂直差异化模型，提出工资水平决定一国生产的产品质量，低工资国家着重生产和出口低质量的产品，高工资的国家着重于高质量产品的生产和出口。[②] Murphy 等（1997）构建了一个理论模型，论证了林德假说的正确性，因为人均收入水平更高的国家在生产高质量产品方面具有比较优势，同时也有足够的能力去购买高质量的产品。[③] Asderson 和 Palma（2001）构建了产品质量水平差异化贸易模型，着重分析了人均收入水平对产品质量的影响，他们认为人均收入水平与产品质量之间存在着良性循环机制，因为人均收入的提高会增加对较高产品质量的需求，而产品质量的提高会增加生产成本，同时提高消费者的效用。Fajgelbaum 等（2009）假设具有不同收入水平及消费偏好的消费者均购买同一种类产品，但不同消费者在不同产品质量选择

---

① Linder S. An Essay on Trade and Transformation [M]. Stockholm: Almqvist & Wikeell, 1961: 33 – 125.

② Falvey, R. and Kierzkowski, H. Product Quality, Intra-industry Trade and Imperfect Competition [J]. Protection and Competition in International Trade, 1987: 495 – 511.

③ Murphy, KM. and Shleifer, A. Quality and Trade [J]. Journal of Development Economics, 1997, Vol. 53 (1): 1 – 15.

方面做出了离散的选择，随着收入的提高，消费者越偏好质量更高的产品。①

上述关于经济发展与产品质量的研究，大部分是建立在一个国家或地区的居民收入水平呈均匀分布的假设前提下的。由于经济发展水平较低的发展中国家普遍存在居民收入差距过大的现实问题，Chatterjee 和 Raychaudhuri（2004）在研究厂商是如何根据消费者的收入分布进行质量决策时，假设消费者收入分配不呈均匀分布，而是呈现正偏分布，其研究结果表明：之所以低质量产品和高质量产品会在垄断市场上同时存在，一个重要的现实原因就是消费者收入的不平等。同样，他们也证明如果消费者收入差距过大时，一旦低质量产品厂商退出市场，低收入群体的福利水平将受到影响。② Acharyya（2005）分析了在消费者收入水平约束条件下，垄断厂商如何进行产品质量决策，其研究结果证明：在消费者收入水平约束条件下，为了实现总收益的最大化，垄断厂商可能会为不同收入水平的消费者提供不同质量水平的产品，即采取产品质量歧视措施。③ Khandelwal（2010）证明产品质量升级和人均收入正相关。Copeland 和 Kotwal（1996）指出，一个国家的居民收入越高，消费者的质量需求就越高，就会促进本区域产品质量的提升。④ 根据现有的相关研究，对于一个国家或地区来讲，如果该地区消费者收入分配越是呈右偏态分布（正偏态），即低收入人群占总人口的比例越大，厂商所提供产品质量的差距越小；当消费者收入分配越是趋向左偏态（负偏态），即高收入人群占总人口的比例越大，该地区厂商所提供产品质量的差异越大。

我国学者何立华（2009）认为，我国产品质量问题没有得到有效改观的根本原因就在于目前我国居民的收入水平普遍偏低，不同收入水平的消费者所具有的"收入—质量"边际替代率也存在较大差异，低

---

① Pablo D. Fajgelbaum, Gene M. Grossman, Elhanan Helpman. Income Distribution, Product Quality, and International Trade. NBER Working Paper No. 15329, 2009.

② Chatterjee, T., A. Raychaudhuri. Product Quality, Income Inequality and Market Structure [J]. Journal of Economic Development, 2004（29）: 51 – 84.

③ Acharyya, R. Quality Discrimination Among Income Constrained Consumers [J]. Economics Letters, 2005（86）: 245 – 251.

④ Copeland B R, Kotwal A. Product Quality and the Theory of Comparative Advantage [J]. European Economic Review, 1996, Vol. 40: 1745 – 1760.

收入消费者一般具有较低的质量偏好，因而市场均衡的产品质量水平还处于一个较低的水平。文建东（2010）认为我国产品质量问题是与居民的低收入水平密切相关的，其主要原因在于我国目前的收入分配方式造成了较大规模的低收入群体。于涛（2013）提出，分析区域产品质量水平高低的经济发展因素主要是看区域经济发展水平、居民可支配收入水平、地区人口数量、产业布局等。

第三节　经济发展水平影响产品质量满意度的研究综述

目前关于经济发展水平影响消费者产品质量满意度的研究，大部分集中于行为经济学这一研究领域。行为经济学是一门研究人类选择行为的学科领域，主要研究在不确定条件下人类的风险决策与行为。行为经济学强调人类认知的局限性，主要以"体验性功利"为基础，重视心理分析的方法，一般通过观察和实验等方法，对人类个人或群体的经济行为进行规律性分析和研究。行为经济学采用的观察和试验等方法，体现了该研究领域在经济学研究方法上的进步与革新。同时，行为经济学提出，经济行为是经济心理的外部表现，这是因为人类的经济行为都是人在其头脑所进行心理活动的支配下发生的。此外，行为经济学也提出现实情况下市场信息超过了企业、消费者及政府等市场参与者能以最优方式正确把握已知信息的能力，也就是说企业、消费者及政府等市场参与者的认知能力存在天然的局限性，而这将会导致市场参与者经济行为的变化。

根据实验经济学家弗农·史密斯研究，人类活动不但是分散的，并且还受到无意识的、自主的、神经心理系统的支配，同时该系统使人们不总是求助于大脑最稀缺的资源——注意力和推理电路。根据他的分析，如果生活中每一件琐事都要经受自我意识的监督和计划，没有哪一个人能过好一整天（史密斯，2004）。[①] 在日常生活中，在消费者选择产品进行消费的时候，无时无刻不在考验着自己的神经。但是由于人类自身所具有的这种无意识的、自主的、神经心理系统，对产品质量的评

---

① ［美］弗农·史密斯：《经济学中的建构主义和生态理性》，中信出版社2015年版，第12—159页。

价或对不同产品的选择就变得高效，而不需要进行烦琐的推理。

随着自身消费水平和消费能力的提高，在行为经济学中关于消费者产品质量满意度的研究越来越重视从宏观经济角度来展开，即从消费者的个人行为与社会问题的相互影响和制约的角度，去探讨其行为的因果关系。这是因为任何一个消费者对产品质量的评价，都是在一定的社会环境和经济条件下进行的。因此，它本身就会受到多种客观因素的影响，比如宏观经济环境中的社会经济发展水平、经济结构与体制的变化、社会收入水平、市场结构等。行为经济学认为，消费者由于自身知识的有限及调查成本的限制，对产品质量的评价将会受到外在线索的影响。[①] 消费者对某一种产品质量的感知，除了来自产品的性价比、技术水平、包装设计、售后服务等方面，同时还来自外在于产品的外部信息线索，如产品来源地、品牌等，而这些外部信息因素一般与产品的物质属性无关。[②] Elliotte（1994）等学者通过实证研究得出，拥有产品知识较多的消费者一般偏重于依靠内在线索进行质量评价，拥有产品知识较少的消费者一般偏重于利用外在线索对产品质量进行评价。[③] 由于产品质量信息对买卖双方天然具有不对称性，即产品销售方会比购买者拥有更多产品质量的隐藏信息。加之有关产品质量信息的监控、发布、传播都存在障碍，因此使得消费者对产品质量满意度很难基于产品本身性能来展开，质量信息的不对称性在产品信任上表现得尤为显著（Schwartz 和 Wilde，1985）。[④]

根据以上分析，在此有必要分析产品质量来源地对消费者产品质量满意度的实际影响，这是因为产品来源地对消费者产品质量满意度的影响，更加直接反映了不同经济发展水平的产品来源地对消费者产品质量满意度的影响。目前，根据相关研究，较多学者认为产品来源地形象一般形成于消费者的实际感知，这种实际感知由该地区的产品、经济、政

---

① Kirmani A, Baumgartner H. Reference Points Used in Quality and Value Judgements [J]. Marketing Letters, 2000, Vol. 11 (4): 299 – 310.

② Parameswaran R, Yapark A. A Cross-national Comparison of Consumer Research Measures [J]. Journal of International Business Studies, 1987, Vol. 18 (1): 35 – 49.

③ Elliotte G R, Cameron R C. Consumer Perception of Product Quality and the Country-of-Origin Effect [J]. Journal of International Marketing, 1994, Vol. 2 (2): 49 – 62.

④ Schwartz, Alan, Louis Wild. Prouct Quality and Imperfect Information [J]. Reivew of Economics Studies, 1985: 251 – 262.

治、历史、文化等因素构成。采用引用最为广泛的 Nagashima（1970）对产品来源国形象的定义，来源国形象是指企业家或消费者对某特定国家的产品图像、声誉的印象，它是由"代表性产品、国家特性、经济与政治背景、历史以及传统等变数所造成的"[1]。也就是说，产品来源国是目标市场中的消费者对所消费产品（包括服务）的原产地或原产国的内在印象，它是消费者对产品原产地的整体性认知和评价（Jaffe 和 Nebenzahl，2001）。此外，Nagashima（1970，1977）针对美国和日本制造的产品，首次采用产品来源国的政治、经济、文化和科技四个要素，对产品来源国形象进行测量和对比分析。也有一些研究的证明结果更为直接，认为消费者在评价来自不同国家或地区的产品时，可能会忽视这个产品的许多其他属性，而只会考虑这个产品来自哪个国家或地区，特别是产品来源地的经济发展水平会影响消费者对该地区所生产制造产品的评价，因而消费者一般对来自经济发展水平较低的不发达国家的产品较少持有正面观点。[2]

依据顾客满意度的模型和理论，消费者对产品质量满意度来自消费者的感知质量与预期质量的差值：如果消费者的感知质量高于预期质量，消费者对产品质量满意度就会比较高；如果消费者的感知质量低于预期质量，消费者对该产品的质量评价就较低。因而，消费者本身的个体特征对产品质量满意度有直接影响。主要包括消费者的个人收入、质量偏好、质量素质等。人们对产品质量满意度有共同的一面，也有差异的一面，不同区域、收入、性别、年龄、受教育程度的消费者产品质量满意度是有差异的，因此不同消费者对产品质量的认同和追求是不一样的。Schwartz 和 Wilde（1985）研究了在不完全信息条件下的消费者偏好分布对产品质量的影响，研究指出：如果市场上对高质量产品的需求者不够多，则在高质量产品的供给上，厂商会由于缺乏高质量的比较优势，因而降低产品质量并收取高价。Brust 和 Gryna（2002）在研究中把产品质量竞争力与宏观表现进行关联，提出竞争优势、国家贸易逆差、

---

[1] Nagashima A. A Comparison of Japanese and U. S. Attitudes Toward Foreign [J]. Journal of Marketing Research, 1970, Vol. 34: 68 – 74.

[2] Gao H Z, Knight J. Pioneering Advantage and Product Country Image: Evidence from an Exploratory Study in China [J]. Journal of Marketing Management, 2007, 23 (3 – 4): 367 – 385. Hulland J, Honorio S T, Donald J L. Country-of-origin effects on sellers' price premiums in competitive Philippine markets [J]. Journal of International Marketing, 1996, 4 (1): 57 – 79.

经济增长、生产力与产品质量竞争力的分析框架。[①] 我国学者杨君岐（2006）通过对饮料产品的实证研究得出，我国不同地区、不同生活习惯的消费者有不同的偏好。郑红军（2007）也认为由于不同消费者的社会地位、经济收入、消费习惯和购买力不同，对产品质量的要求不同，它必须随着生产力发展和消费者需求的变化而变化。汪涛（2012）提出，国外消费者对中国制造的评价，受到我国"制度形象"的影响，制度形象主要包括消费者对我国经济、社会、文化、政治、科技、自然生态等方面的感知。

第四节 对以上文献的评述

通过对以上相关文献的分析，可以看到产品质量具有市场属性，即它受到市场供求关系和价值规律的影响。产品质量只有符合市场需求，消费者才会产生较高的评价或产生购买行为，从而刺激市场中的企业为了获得更多的利润，尽可能提供符合消费者质量需求的产品。因而，由于不同国家或地区的消费者产品质量偏好随着经济发展水平的不同而不同，不同经济发展水平地区的产品质量水平整体上会呈现一些规律性特征。

首先，比较优势理论和区域经济增长理论均表明，经济发展水平较高的地区，由于它们在生产和消费更高质量的产品上具有比较优势，所以生活在这些地区的消费者将消费更高质量的产品。因而，对于经济发展水平较高的地区来说，消费者的产品质量满意度有可能相对较高。也就是说，经济发展水平类似于形成一个"质量门槛"，较高的区域经济发展水平将把较低质量的产品挤出本地市场。

其次，对于单个消费者来说，其收入水平的高低直接决定了其所消费产品质量的高低，也直接影响了其对产品质量的评价。从区域层面来分析，一个区域的众多消费者对某一类产品的质量评价，将对该地区出售产品质量水平产生直接影响。因为该地区居民对高质量产品的需求越大，越会促进本区域产品质量的提升。行为经济学与消费者行为学的相关研究表明，消费者一般对来自经济发展水平较低地区的产品质量满意

[①] Peter J. Brust, Frank M. Gryna. Quality and Economics: Five Key Issues [J]. Quality Progress, 2002（10）: 64-69.

度较低。同时，这一结论与南北贸易动态模型、均衡发展理论相一致：由于在收入、技术等方面的差异，经济发展水平较高的国家或地区生产和消费质量较高的产品（和服务），经济发展水平较低的国家或地区生产和消费质量较低的产品。

但是，通过对现有文献的分析也可发现，现有关于经济发展水平与产品质量之间的研究，在以下两个方面还存在一定的提升空间：

第一，受限于产品质量满意度数据的收集难度较大，产品质量的测度存在明显缺陷。

我国目前关于经济发展水平和消费者所消费产品质量关系的研究，基本上用其他经济指标（例如"出口产品价格"等）来衡量"产品质量"。这些用来替代产品质量水平的经济指标，说到底并不是对产品质量本身的评价，其评价对象并不是"产品质量"。即便有些研究采用"监督抽查合格率""产品质量和等级品率"等指标来评价产品质量，但这些指标在"可比性"方面存在明显缺陷，而且属于产品出厂前的检验指标（如果出厂前某一产品被检验不合格，生产厂商是不会将该产品出厂销售的），并不是消费者在使用之后对产品质量的评价。

第二，针对经济发展水平与消费者产品质量满意度的定量研究偏少。

受制于产品质量满意度数据的限制，对我国现阶段不同区域产品质量状况差异化特征的提炼，以及经济发展水平和产品质量关系的研究，大部分都是采用博弈、模型推导的方法来展开的，从实证层面开展的定量研究甚少，尤其是对我国不同城市的不同消费者产品质量满意度差异性研究更为少见。

因而，本研究将在已有研究的基础上，立足于我国经济社会转型时期各地区经济发展水平不平衡的现实背景，基于我国不同区域消费者产品质量满意度的一手调查数据，实证检验区域经济发展水平对产品质量满意度的约束作用，最终提出对我国宏观质量管理和刺激消费的相关政策建议。

第三章 我国消费者产品质量满意度测度

第一节 测度原则

根据第二章对产品质量评价方法的梳理,可得出消费者产品质量满意度的三个主要测度原则,分别是结果性原则、可比性原则和可行性原则。

一 结果性原则

产品质量满意度指标,应选取能够反映最终质量状态的结果性指标,也就是消费者消费之后的数据来进行衡量。实际上,产品质量满意度指标的选取难度,并不在于指标本身的设计或计算上的挑战,而在于对产品质量现象的分析,尤其是对其本质的准确把握。因而,统计指标设计的前提,是对产品质量状态的分析,这是整个指标设计科学性赖以建立的基础。产品质量的评价既能从产品价格、消费量、市场份额等市场性指标来衡量,也能够从消费者消费之后的感知来进行评价。但是前者的这些指标毕竟不能直接等同于消费者对产品质量的最终评价。

二 可比性原则

由于所在区域、行业和具体产品形态的不同,作为质量统计对象的各种产品的质量,存在多方面的差异,但是,作为评价指标的一般性要求,却必须抽象出它们相互之间的共同点,使之在这些共同属性上具有统计口径的一致性,能够通过相互之间的对比,评判质量水平的高低。产品质量的评价指标的可比性条件,主要包括不同产品在空间和时间上的可比性。

三　可行性原则

产品质量满意度指标在满足科学性的前提下,也应具备获取这些数据的可行性。可行性的要求,主要是指数据要能够比较方便地获取。这些数据可以是相关部门多年工作长期使用的,也可以是现有的工作条件(成本、实现路径等)下经过努力得到的。

第二节　测度方法

由于消费者在日常生活中所消费产品的种类非常多,要获得消费者对其消费产品质量的评价数据,不可能覆盖其所消费的每一个产品。因而,本调查选择大部分消费者日常生活中经常使用的产品作为具体的测评对象,主要包括"吃、穿、用、行"四个方面:

(1) 食品质量是消费者首要关心的质量问题,而且是我国居民家庭支出的重要项目(2013年中国农村居民恩格尔系数为37.7%,城镇居民恩格尔系数为35.0%)。在"食品质量"这一评价维度下,选择了粮食(米、面等)、食用油、肉类和乳制品四种产品作为观测对象。

(2) 由于服装分类很难找到统一的标准,同时各类服装亦表现出不同的风格与特色,因此将"服装"作为一个整体看待,不再细分为单个的产品行业来进行测评。

(3) "生活用品"这一维度下,选择了家用电器、日常消费品、电脑、移动电话、化妆品、药品、儿童用品和农业生产资料。之所以选择这些产品,主要由于随着我国居民生活水平的持续提高,对家用电器、日用消费品、电脑、移动电话、化妆品的消费量一直在不断地提升;另外,由于消费者对日常生活中所消费的药品和儿童用品的质量尤为关注,因此,药品和儿童用品也是重点观测的日用产品类型;同时,农业生产资料(主要包括化肥、农药、种子、收割机等)直接关系到农民及其家庭的切身利益,因此也将农业生产资料列为日用产品的观测产品。

（4）在"交通工具"这一维度下，选择了代步或运输的主要工具——汽车，以及解决垂直运输的工具——电梯。

综上所述，为了观测中国消费者对产品质量的评价，特将其所消费的产品看成一个整体来测评，同时又针对"吃、穿、用、行"四个方面的15类产品进行了细分的调查，测评的产品类型如表3-1所示。

表3-1　　　　　　　　消费者产品质量满意度的产品类型

测评维度	产品类型
（1）食品质量	1. 粮食（米、面等）
	2. 食用油
	3. 肉类
	4. 乳制品
（2）服装	5. 服装
（3）生活用品	6. 家用电器
	7. 日用消费品
	8. 电脑
	9. 移动电话
	10. 药品
	11. 农业生产资料
	12. 化妆品
	13. 儿童用品
（4）交通工具	14. 汽车
	15. 电梯

依据"对象—态度"模型评价思路，消费者对某一产品质量的评价是对该产品多个属性评价的加总。因而本研究将产品质量看成一个整体来进行评价，而不需要分不同的产品性能指标。因此，将以上15类产品按产品种类分别进行调查，来获得消费者对产品质量的评价。例如：对"粮食"这一产品调查问项为Q1："您对您日常生活所消费粮食（米、面等）的产品质量满意度为____分"（选择分值为1—10分）。其他产品的调查问项与Q1类似。

调查问项采用统一的十分制计分方法，对一个问题的评价从 1 到 10 的程度依次增加，6 分为及格线。为了避免有些消费者的产品质量满意度偏高或偏低，按中位数来计算单个消费者对某项产品质量满意度的水平（符号为 X_{ij}^t）。由此，消费者对产品质量总体评价（符号为 Y_{ij}）即为以上 15 个产品行业消费者产品质量满意度的平均值，如计算公式（3-1）所示。

$$X_{ij}^t = Median(X_{ij}^t, X_{ij}^t, \cdots, X_{ij}^t)$$
$$Y_{ij} = Average(X_{ij}^1, X_{ij}^2, \cdots, X_{ij}^{15})$$

公式（3-1）

其中：X_{ij}^t 表示第 j 个地区的第 i 个消费者对第 t 个产品行业消费者产品质量满意度的水平（满分为 10 分），t =（1，2，…，15）；Y_{ij} 表示第 j 个地区的第 i 个消费者对日常消费的 15 类产品的产品质量满意度的平均值（满分为 10 分）；第 j 个地区共有 n 个消费者，i = 1，2，3，…，n。

此外，调查问项还包括消费者的基本信息，主要包括：性别、年龄、居住地、职业、受教育程度、职业类型、婚姻状况、家庭月收入等。消费者产品质量满意度的层次划分，如表 3-2 所示。

表 3-2　　　　　　消费者产品质量满意度层级划分

分值区间	等级层次
1—2 分	很差
3—5 分	较差
6 分	及格
7—8 分	较好
9—10 分	很好

第三节　调查区域与调查方法

一　调查区域

本研究所指的消费者产品质量满意度数据，来自武汉大学质量发展战略研究院 2013 年和 2014 年在全国范围内开展的"中国质量观测调查"（简称 CQOS）。采取面对面的问卷调查方法，由经过专业培训的调查员完成。该项调查自2012年开始进行，所产生的系列研究成果目前在国内取得了较好的反响。借助于CQOS调查平台和调查数据，本研究得到了2013—2014年我国消费者对所消费产品质量的综合评价。

对于CQOS调查来说，确定调查区域的抽样原则分为两层，一是要形成全国的加总分析，因而样本城市要具有全国样本的统计意义；二是对于确定调查的不同城市来说，根据等距抽样原则确定所调查镇、区或乡，抽样单元具有城市样本的统计意义。调查城市主要按照人均GDP排名分层抽样的方法来抽取，具体的抽取方法为：各省份的城市（含省会）按人均GDP排序，除省会城市以外选择城市按如下标准来进行抽样，如表3-3所示。即：

（1）若该省人口低于5000万，则选取排名中位值城市，如有10个城市，则选取第5名或第6名的城市；

（2）若该省人口高于5000万，则除省会城市以外选取2个城市，按名次取第70%分位和第40%分位的城市，如有21个城市则取第14名和第7名的城市。

表3-3　　　　　　CQOS 2013年和2014年调查城市抽样情况

省份	城市	2013年	2014年
河北省	石家庄市	√	√
	廊坊市	√	
	承德市	√	
	衡水市		√
山西省（11）	太原市	√	√
	晋中市	√	
	长治市		√
内蒙古自治区（9）	呼和浩特市	√	√
	通辽市	√	
	包头市		√
辽宁省（14）	沈阳市	√	√
	大连市	√	√
	辽阳市	√	
	盘锦市		√

续表

省份	城市	2013 年	2014 年
吉林省（8）	长春市	√	√
	白山市	√	
	吉林市		√
黑龙江省（12）	哈尔滨市	√	√
	鸡西市	√	
	大庆市		√
江苏省（13）	南京市	√	√
	苏州市	√	√
	镇江市	√	
	徐州市	√	√
	连云港市		√
浙江省（11）	杭州市	√	√
	宁波市	√	√
	湖州市	√	
	温州市	√	√
	衢州市		√
安徽省（17）	合肥市	√	√
	淮南市	√	
	蚌埠市	√	
	安庆市		√
	淮北市		√
福建省（9）	福州市	√	√
	厦门市	√	√
	龙岩市	√	
	三明市		√
江西省（11）	南昌市	√	√
	九江市	√	
	宜春市		√
山东省（17）	济南市	√	√
	淄博市	√	
	日照市	√	
	青岛市		√
	潍坊市		√
河南省（17）	郑州市	√	√
	许昌市	√	√
	新乡市	√	√

续表

省份	城市	2013年	2014年
湖北省（12）	武汉市	√	√
	襄阳市	√	√
	随州市	√	√
湖南省（13）	长沙市	√	√
	岳阳市	√	√
	娄底市	√	
	怀化市		√
广东省（21）	广州市	√	√
	深圳市	√	√
	佛山市	√	√
	惠州市	√	
	韶关市	√	
	东莞市		√
广西壮族自治区（14）	南宁市	√	√
	崇左市	√	
	桂林市		√
四川省	成都市	√	√
	绵阳市	√	√
	巴中市		
云南省（8）	昆明市	√	√
	丽江市	√	
	宣威市		√
贵州省	贵阳市	√	√
	遵义市	√	√
陕西省（10）	西安市	√	√
	铜川市	√	
	咸阳市		√
宁夏回族自治区（5）	银川市	√	√
	吴忠市	√	
	固原市		√
青海省	西宁市	√	
海南省	海口市	√	

续表

省份	城市	2013年	2014年
新疆维吾尔自治区	乌鲁木齐市	√	√
	伊犁市	√	√
甘肃省	兰州市		√
总计	85	61	71

说明:"√"代表在该年度进行调查的城市。

依据表3-3的数据,2013年的调查城市中有39个仍然出现在2014年的样本中,调查城市的保留率为62%,其中省会、副省级、城市的保留率为100%,因此调查数据在区域上具有一定的连续性与可比性。2014年新增的城市为22个,均按照相近原则对城市进行了替代,因而也能够在省区层面保持样本代表性的连续性。因此,在此可得CQOS 2013年和2014年共计调查城市为85个,所调查省份(含自治区)共计29个,区(县)数为107个(小部分城市所调查单元有两个或以上的"区",如北京、上海、武汉、重庆等)。

二 人口抽样方法与调查方法

在所调查的城市里,消费者样本按城镇和农村两个单元进行人口抽样。城镇人口抽样按职业大类进行随机抽样,抽样原则如表3-4所示。农村人口抽样按不同收入层级抽样,在每个村中,按收入低中高分组各选取若干名调查对象,具体抽样方法为:根据分层抽样确定一个乡镇,再通过按收入系统随机抽样抽取N个村,每个村按收入水平随机抽取若干个家庭,每个家庭再按随机数确定调查对象。

根据以上人口抽样的方法,考虑到调查成本和可行性的现实约束,每个城市(城镇和农村两个单元)根据人口总量的不同,抽取60—100个样本。通过检验,每个城市最终获取的消费者调查样本,与该城市的人口结构分布比例大致相同。

表3-4　　　　　　　　城镇单元人口抽样原则

职业类型	单位数	总数	男	女	相关说明
制造业企业(国企、私企)	4	12	7	5	一线工人,一般管理者
学校(中小学、职高、技校等)	2	6	3	3	在编普通教师

续表

职业类型	单位数	总数	男	女	相关说明
政府机关、社会组织	2	6	4	2	在编普通职员及中层管理者
医院、社区卫生站	1	3	1	2	医生、护士
商场、超市、个体工商户	1	2	1	1	普通职员，个体工商业者
银行、证券、基金、信用社等	1	2	1	1	中层管理者
宾馆、酒店、餐馆	1	3	1	2	普通职员和中层管理者
IT 企业、研究机构、供电、供水	1	2	1	1	普通职员和中层管理者
社区工作者、家庭妇女、退休人员	2	6	4	2	年龄 18—60 岁
总计		42	23	19	

三　有效样本量统计

经过问卷甄别，有效样本的构成如表 3-5、表 3-6 所示。从被调查者的性别看，男性和女性的样本量基本平衡；被调查者基本上集中于 18—50 岁，除了研究生学历较少外，其他学历均处于较为均匀的状态，比较符合中国平均的基本知识结构；在家庭月收入水平上，主要集中于 3000—5000 元之间，按一家三口人来计算，这与全国城镇居民人均可支配月收入 1840 元基本相适应。因而，所调查的样本代表性比较好，也符合我国消费者的实际情况，从而保证了数据的可靠性。

表 3-5　　　　　CQOS 2013 年和 2014 年问卷发放量

年度	发放问卷量（份）	回收问卷量（份）	有效问卷量（份）
2013	6000	5800	4700
2014	7500	7108	6206
小计	13500	12908	10906

表 3-6　　　　CQOS 2013 年和 2014 年有效样本的人口特征统计

特征	样本分布	占有效问卷量的比例（CQOS 2013 年）	占有效问卷量的比例（CQOS 2014 年）
性别	男	51.08%	50.1%
	女	48.92%	49.9%

续表

特征	样本分布	占有效问卷量的比例（CQOS 2013 年）	占有效问卷量的比例（CQOS 2014 年）
年龄	18—30 岁	38.9%	40.1%
	31—40 岁	25.1%	20.7%
	41—50 岁	25.3%	27.7%
	51—60 岁	7.5%	8.0%
	61 岁以上	3.2%	3.7%
居住地	城镇	66.63%	67.5%
	农村	33.37%	32.5%
文化程度	高中以下	20.34%	22.8%
	高中/中专	23.87%	20.6%
	大专	23.94%	16.0%
	本科	29.60%	36.0%
	研究生	2.25%	4.6%

第四节 我国消费者产品质量满意度统计结果

为检验问卷内问项的一致，对其进行信度检验。根据信度检验的相关理论，总量表的信度系数最好在 0.8 以上，0.7—0.8 之间可以接受；分量表的信度系数最好在 0.7 以上，0.6—0.7 可以接受。对消费者产品质量满意度进行信度检验得到的结果显示，总体的信度系数为 0.8931，达到了可接受的水平，表明问卷设计具有较高的可信度。根据以上方法进行的我国消费者产品质量满意度的大规模问卷调查，得到 2013 年和 2014 年我国消费者产品质量满意度的数据，从计算结果可得出目前我国消费者产品质量满意度的特征事实。

一 我国消费者产品质量总体评价处于及格水平

根据表 3-7 和表 3-8 的统计结果，2013 年、2014 年我国消费者产品质量满意度得分分别为 6.17 分和 6.03 分（满分为 10 分）。据此可知，我国消费者对产品质量满意度的态度处于及格状态。近年来媒体报道的大量质量安全信息，让部分消费者感觉到我国质量安全形势已经陷入一种非常糟糕的地步。但调查显示，消费者对产品质量的总体评价并不是"非常不好",调查数据表明我国消费者对所消费产品质量的评价为高于"不满意"状态的及格状态,但还未达到"满意"状态。也就是说,目前我国消费者所消费的产品总体上满足了消费者的基本需求,但距离消费者的满意评价还存在较大的提升空间。同时,调查结果还显示,2014年较2013年下降0.14分,下降幅度为2.3%。

表3-7 我国消费者产品质量满意度(Y)得分统计(2013年)

消费者产品质量满意度	Obs	Mean	Std. Dev.	Min	Max
Y	4700	6.17	1.73	1	10

注:满分为10分。

表3-8 我国消费者产品质量满意度(Y)得分统计(2014年)

消费者产品质量满意度	Obs	Mean	Std. Dev.	Min	Max
Y	6206	6.03	1.70	1	10

注:满分为10分。

二 消费者评价达到基本较满意的城市占比约5%

综合CQOS 2013年和CQOS 2014年消费者产品质量满意度数据,可以得到各个调查城市消费者产品质量满意度的评价值,如表3-9和表3-10所示。综合2013年和2014年共计调查的85个城市(两年的调查城市有较大程度的重合)的消费者产品质量满意度得分均值,可得:在所调查的85个城市中,消费者评价达到较为满意的城市约为5%(4个城市);约55%的城市(47个城市),其消费者产品质量满意度处于及格水平;约40%的城市(34个城市),其消费者产品质量满意度处于不及格水平。

表3-9 CQOS 2013年调查城市消费者产品质量满意度(Y)均值统计

排名	城市	2013年Y	排名	城市	2013年Y
1	苏州	7.4	32	佛山	6.2
2	青岛	7.2	33	南昌	6.1
3	天津	7.1	34	上海	6.1
4	桂林	7.0	35	哈尔滨	6.1
5	临沂	6.9	36	黄石	6.1

续表

排名	城市	2013年 Y	排名	城市	2013年 Y
6	福州	6.9	37	广州	6.0
7	杭州	6.8	38	大庆	6.0
8	安庆	6.8	39	重庆	6.0
9	大连	6.8	40	合肥	6.0
10	南宁	6.7	41	韶关	6.0
11	济南	6.7	42	徐州	5.9
12	绵阳	6.7	43	连云港	5.9
13	盘锦	6.6	44	乌鲁木齐	5.9
14	宜昌	6.6	45	贵阳	5.9
15	长春	6.5	46	南京	5.9
16	惠州	6.5	47	郑州	5.9
17	承德	6.5	48	廊坊	5.8
18	成都	6.5	49	镇江	5.8
19	沈阳	6.4	50	遵义	5.7
20	长沙	6.4	51	西宁	5.7
21	武汉	6.4	52	海口	5.7
22	石家庄	6.4	53	西安	5.7
23	襄阳	6.4	54	新乡	5.6
24	宁波	6.3	55	深圳	5.6
25	蚌埠	6.3	56	固原	5.5
26	三明	6.3	57	温州	5.4
27	银川	6.3	58	北京	5.3
28	许昌	6.3	59	呼和浩特	5.2
29	太原	6.3	60	怀化	5.1
30	九江	6.2	61	包头	4.1
31	昆明	6.2			

注：满分为10分。

表3-10　CQOS 2014年调查城市消费者产品质量满意度（Y）均值统计

排名	城市	2014年 Y	排名	城市	2014年 Y
1	天津	7.0	37	上海	6.1
2	厦门	6.8	38	丽水	6.0

续表

排名	城市	2014 年 Y	排名	城市	2014 年 Y
3	长沙	6.6	39	杭州	6.0
4	潍坊	6.6	40	承德	5.9
5	福州	6.6	41	济南	5.9
6	大连	6.6	42	成都	5.9
7	常州	6.6	43	乌鲁木齐	5.9
8	襄阳	6.5	44	宜春	5.9
9	固原	6.5	45	郑州	5.9
10	西宁	6.5	46	北京	5.8
11	苏州	6.5	47	贵阳	5.8
12	巴中	6.5	48	长春	5.8
13	长治	6.5	49	宜昌	5.8
14	哈尔滨	6.5	50	黄石	5.8
15	桂林	6.4	51	银川	5.8
16	六安	6.4	52	南京	5.8
17	盘锦	6.4	53	西安	5.8
18	咸阳	6.3	54	海口	5.8
19	佛山	6.3	55	宣威	5.8
20	宁波	6.3	56	沈阳	5.8
21	重庆	6.3	57	绵阳	5.7
22	衢州	6.3	58	洛阳	5.7
23	绍兴	6.2	59	常德	5.7
24	遵义	6.2	60	萍乡	5.7
25	呼和浩特	6.2	61	广州	5.7
26	武汉	6.2	62	南昌	5.7
27	淮北	6.2	63	昆明	5.6
28	深圳	6.2	64	岳阳	5.6
29	伊犁	6.2	65	包头	5.6
30	新乡	6.2	66	石家庄	5.5
31	温州	6.1	67	吉林市	5.4
32	安庆	6.1	68	怀化	5.4
33	青岛	6.1	69	保定	5.2
34	三明	6.1	70	太原	5.2
35	大庆	6.1	71	兰州	5.1
36	连云港	6.1			

注：满分为 10 分。

三 不同人口特征的消费者产品质量满意度存在差异

综合 2013 年和 2014 年调查数据,从性别、婚姻状况、年龄、文化程度分别进行统计,如图 3-1 至图 3-2 所示。可以发现,男性消费者产品质量满意度得分为 6.15 分,高出女性消费者评价得分(6.03 分)0.12 分。未婚人群相比已婚人群,其产品质量满意度得分高出 0.09 分。

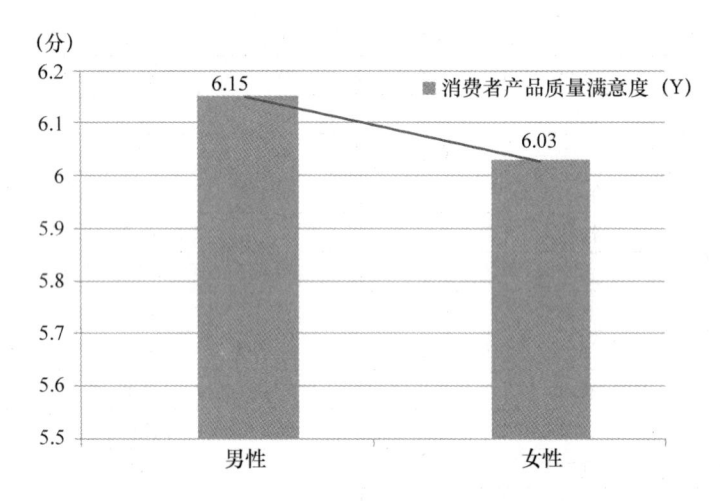

图 3-1 不同性别消费者产品质量满意度得分对比

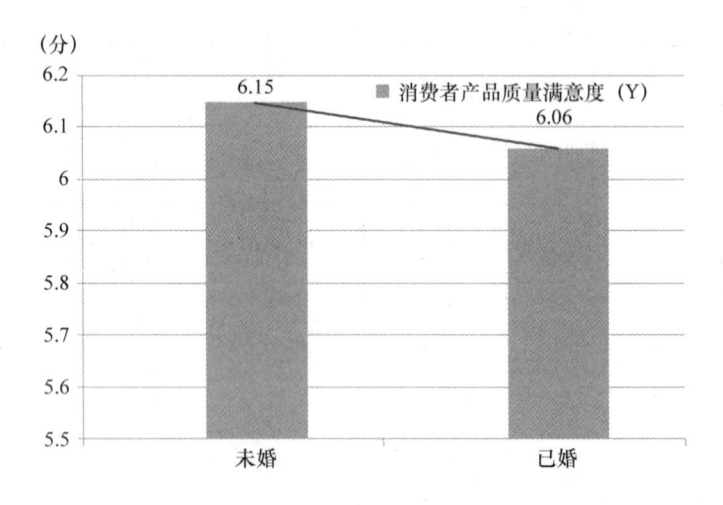

图 3-2 不同婚姻状况消费者产品质量满意度得分对比

如图 3-3 所示，随着年龄的增加，消费者产品质量满意度呈较为平缓的正"U"形变化，其中 31—40 岁消费者产品质量满意度最低（6.01 分），年龄较长的 60 岁以上消费者产品质量满意度最高（6.40 分），年龄较小的 18—30 岁消费者得分排在其后（6.13 分）。

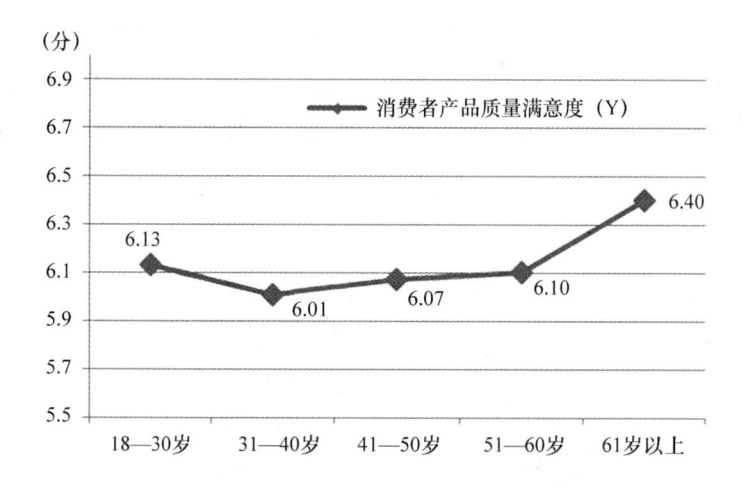

图 3-3 不同年龄消费者产品质量满意度得分对比

如图 3-4 所示，从不同文化程度的人群分组来看，其产品质量满意度呈现较为平缓的"W"形状：文化程度最高（研究生以上）的消费者和文化程度最低（初中及以下）的消费者，其产品质量满意度

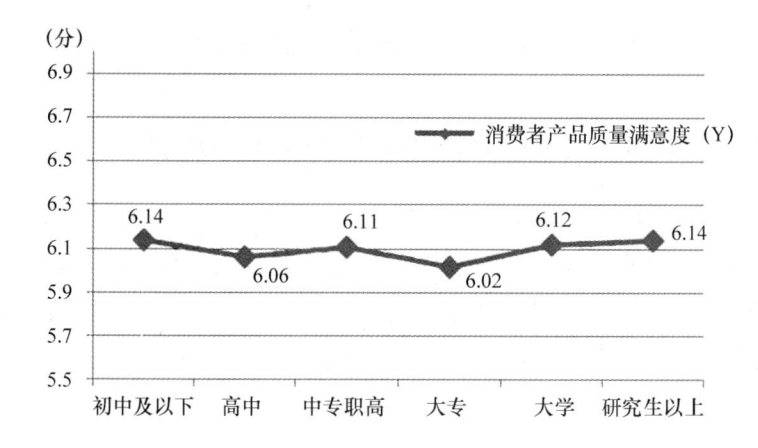

图 3-4 不同文化程度消费者产品质量满意度得分对比

最高（6.14分）；大专文化程度的消费者产品质量满意度为最低的6.02分；而其他学历消费者的产品质量满意度在6.06—6.12分区间波动。

四 城镇居民产品质量满意度高于农村居民

如图3-5所示，我国城镇居民产品质量满意度为6.20分，高于农村居民产品质量满意度（6.07分）0.13分。进一步计算可看出，我国东中西部的城乡居民产品质量满意度，均为城镇居民的评价高于农村居民的评价。

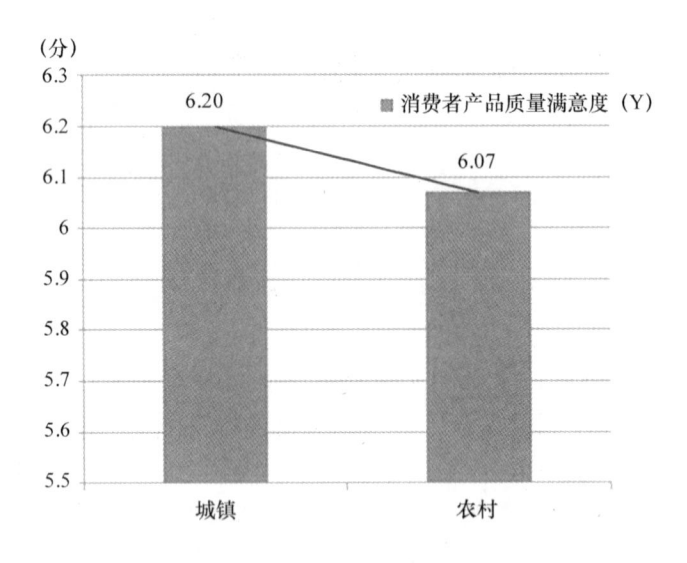

图3-5 城乡消费者产品质量满意度得分对比

五 东中西部消费者产品质量满意度依次递减

如图3-6所示，按东、中、西部进行分组，可以得出东部居民产品质量满意度最高，为6.20分；中部居民对产品质量的评价居中，为6.07分；西部居民的评价最低且处于不及格层次。因而，从我国的东部到西部，我国消费者对产品质量满意度的评价依次递减。

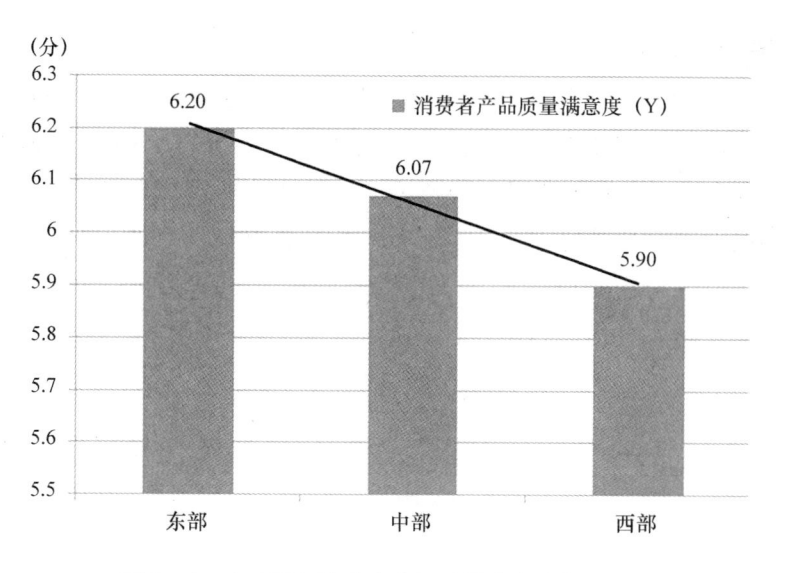

图 3-6　东中西部消费者产品质量满意度得分对比

第五节　本章小结

基于本研究所关注的问题，需得到我国不同城市中的不同消费者产品质量满意度数据，同时这一数据还要能实现产品质量的可比性。由于目前我国还没有较为完整地反映我国不同城市居民产品质量满意度的数据，因而本研究于 2013 年和 2014 年在全国范围内开展了消费者产品质量满意度的大规模问卷调查。本章的研究和主要结论包括如下几个方面：

第一，提出消费者产品质量满意度的测度原则。本研究认为消费者产品质量满意度的测度要特别注意"结果性"原则，产品质量的评价必须是在消费者使用之后进行的综合性评价。虽然可以从价格、消费量等经济性指标对产品质量进行评价，但它毕竟不能直接等同于消费者对产品质量的最终态度。

第二，对本研究所开展的消费者产品质量调查进行介绍。主要包括：测度方法、调查区域、抽样方法、有效样本等。同时，对有效数据进行信度检验，证明本研究所调查问项的可信度较高。

第三，对消费者产品质量满意度调查数据进行描述性统计。本章针对有效回收问卷进行数据统计，基于定量统计得出全国总体范围、不同城市、不同人口特征群体、城镇和农村、东中西部等维度的消费者产品质量满意度水平。

　　总之，本章的数据调查和数据统计为后续要进行的实证检验提供了基础数据。在此需特别说明的是，由于本研究所进行的调查为2013年和2014年，因而本章所得出的结论也是为这两年的截面特征，并不一定能够代表我国消费者产品质量满意度的长期特征。

第四章 区域经济发展水平影响消费者产品质量满意度显著性分析

第一节 引言

区域经济发展水平对消费者产品质量满意度到底有无影响？本章将给出实证数据证明的结论。本章内容安排为：第二节将提出城市经济发展水平影响消费者产品质量满意度的作用因素和若干假设。第三节在理论分析的基础上构建了经济发展水平与消费者产品质量满意度的计量模型。第四节将问卷调查所得到的消费者产品质量满意度数据，与消费者所在城市的经济发展水平数据进行匹配，通过计量模型回归计算，分析反映经济发展水平的解释变量人均GDP对消费者产品质量满意度（Y）的影响是否显著，并得出具体的影响系数。第五节将对模型的回归结果进行稳健性分析，并给出本章的主要结论。

第二节 基于理论分析的模型构建

一 经济发展水平影响消费者产品质量满意度的理论分析

根据第二章相关文献综述，产品质量具有市场属性，即它受到市场供求关系和价值规律的影响。产品质量首先是符合消费需求，消费者才会产生较高的评价或产生购买行为，从而刺激市场中的企业为了获得更多的利润，尽最大努力提供符合消费者质量需求的产品。因而，从产品质量的供求关系看，如果"产品质量市场供给"能够满足消费者的"产品质量需求"，消费者对产品质量的满意度就会较高。如果"产品质量市场供给"不能满足消费者的"产品质量需求",消费者对产品质量的满意度就会偏低。根据经济发展影响产品质量的研究综述(第二章第二节、第三节的分析),可得出经济发展水平对消费者产品质量满意度的影响,分为直接和间接两个方面:一是经济发展水平直接对消费主体——消费者产生的影响(直接影响);二是通过经济发展水平影响产品市场供给,进而对消费者产品质量满意度产生的影响(间接影响),如图4-1所示。

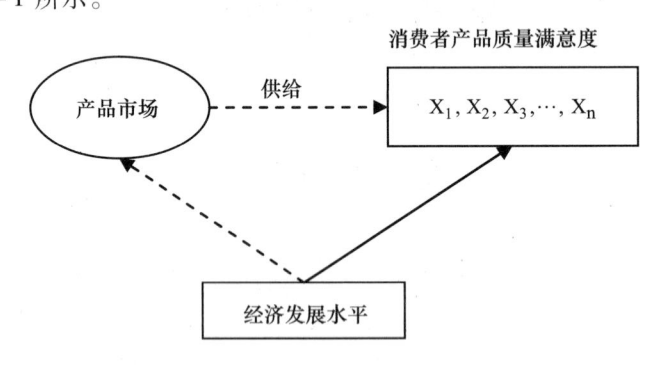

注:实线为直接作用机制;虚线为间接作用机制。

图 4-1 经济发展水平影响消费者产品质量满意度的理论示意

以下将对图4-1进行分析与解释,主要分析如下:

1. 经济发展水平直接影响消费者产品质量满意度的理论分析

经济发展水平对消费者产品质量满意度的直接影响,是指经济发展水平直接对消费者本身的质量需求和心理态度所产生的影响。

要分析经济发展水平对消费产品质量满意度的影响,就需要分析消费者对产品质量的需求。西方经济学理论主要是从产品数量的角度来论述"需求"的含义,这其中隐含的假定就是产品是同质的。古典经济学理论也假设市场上产品是"同质"的,因而价格是影响需求的一个重要因素,相关分析也主要是从价格和需求数量来进行描述和分析的。但是,消费者所需要的产品同时表现为数量和质量两个方面的需求,产品质量是产品本身不可分割的属性。因而,相对于数量而言,产品质量需求可以理解为"消费者愿意并且能够购买的各类产品的质量总和"。从这个定义看,构成产品质量需求需要满足两个条件:其一是愿意购买;其二是有能力购买。对于消费者来说,其消费决策的一般原则就是收入水平条件下的效用最大化。在其他条件不变的情况下,大多数人都想消费更高质量的产品,之所以消费者所消费的产品未能达到他们自己所期望的水平,其中受到的一个重要约束条件就是自身的"收入水平"。

对于不同的消费者个体来说,由于收入水平(income)的不同,产品质量的需求层次是不一样的。为了便于分析,将质量层次分为高质量(H)和低质量(L)两大层次。在整个收入(W)中用于消费性支出的费用比率为k,则用于消费的预算金额为kW。如图4-2所示,纵轴代表低质量产品的消费量,横轴代表高质量产品的消费量,线段AB说明了消费者在收入与产品价格既定时,所能买得起的不同质量产品的消费组合。

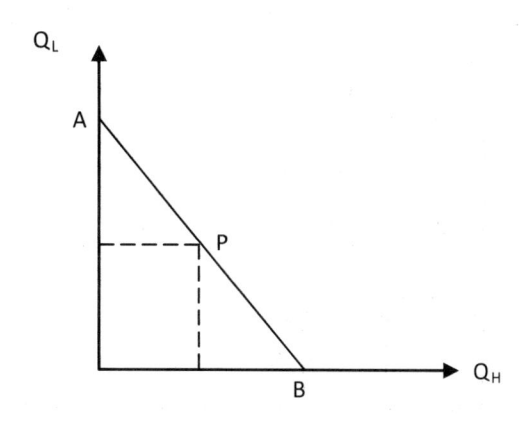

图4-2 不同产品质量组合的消费预算约束线

在图4-2所示,线段AB为消费者的预算约束线,AB上的点P表示单个消费者的收入在购买高低质量产品时同时含有高质量和低质量的产品组合,其中A点代表消费者的收入全部用于购买高质量产品,B点代表消费者的收入全部用于购买低质量产品。线段AB的斜率代表高低质量产品的相对价格,消费者的预算约束线段越陡峭,就表示高质量产品的价格与低质量产品的价格差异越大。

消费者在消费决策的过程中,追求收入水平约束下的效用最大化。由于不同的消费者具有不同的收入水平,因而不同收入水平的消费者具有不同的消费预算约束线。图4-3中A_1和A_2两条线分别表示消费者的不同预算约束线,A_2的消费收入高于A_1。A_1和A_2分别可以到达的最高无差异曲线分别为L_1和L_2。无差异曲线的斜率为高质量产品与低质量产品之间的可替代性，也等于消费者愿意用低质量产品代替高质量产品的比率。对于较高预算约束线 A_2 来说，消费者可达到的最高无差异曲线 L_2，相切的点 D 被称为最优点。最优点的含义是指消费者在一定收入水平的约束条件下，所消费高质量产品与低质量产品的最优组合。

因而，如图 4-3 所示，D 点消费者所消费高质量产品数量多于 C 点，且 D 点消费者所消费低质量产品也少于 C 点。排除消费者的主观偏好因素，可以推出具有 A_2 消费预算金额的消费者所消费高质量产品比例较高、低质量产品比例较低，因而其所产生的产品质量满意度，应该比具有 A_1 消费预算金额的消费者产品质量满意度要高。

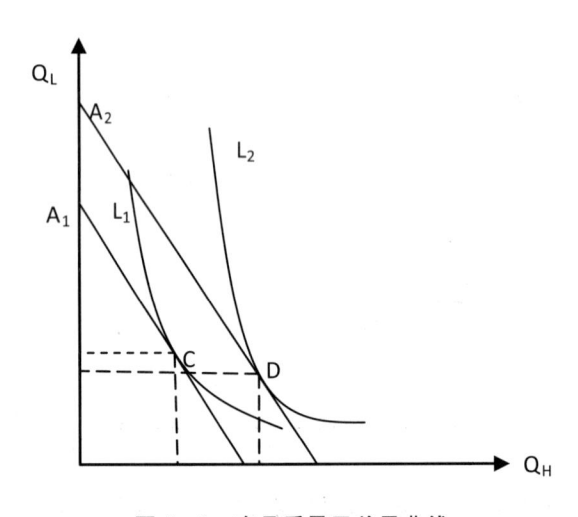

图 4-3 产品质量无差异曲线

根据以上对单个消费者的分析，可以扩展到一个地区的所有消费者。对于一个地区来讲，如果低收入人群所占比重较大、高收入人群所占比重偏小，高质量产品的市场需求也相对偏小，市场上不同产品的提供较为充分。在生产要素价格一致的情况下，高质量产品相对于低质量产品需要更高的成本，在市场上的产品供给较为充分的前提下，由于该地区的高质量产品的市场需求较小，高质量厂商在降低产品售价的情况下，为了获得与低质量产品同等的市场平均利润，不得不降低产品的市场价格，并降低产品质量，以减少质量成本的支出，提高其产品在地区的市场份额。高质量厂商降低产品质量和产品价格的质量选择，将对该市场中的低质量厂商产生影响，随着两者之间市场竞争程度的加剧，低质量厂商为了获得一定的市场份额和利润,也会选择降低产品质量,以维持其低质量产品的价格优势。

对于经济发展水平不同的地区,如果低质量产品占全体居民所消费产品的比重较大,就说明该地区消费者的产品质量需求层次较低;如果高质量产品在全体居民所消费产品中所占比重较大,就说明该地区消费者的产品质量需求层次较高。一个地区产品质量需求层次提高有两个方面的含义:一是消费者所消费各类产品质量总和的层次提升;二是消费者所消费各类产品质量分布结构由较低层次向较高层次的提升。因而,经济发展水平越高,高收入人群比例越大,高质量产品的消费比例就越多,消费者对本区域产品质量的评价就越高。随着一个地区经济发展水平的逐步提高,该地区的消费者对产品质量的需求也将逐步提高,厂商为了获得市场竞争优势和利润,将会倾向于提供高质量的产品(包括生产企业和销售企业)。可以想象,在一个低收入人群占绝大多数比例的区域中,由于高质量产品需要比低质量产品付出更高的货币代价,高质量产品的提供厂商有可能因无法获得市场利润而不得不退出该市场,从而形成低质量产品的提供厂商占据主要市场的局面,这就使得该产品市场的质量供给维持在一个较低的水平。其实对于这一点,现实生活中有很多的例证,比如,对于小城市的服装店经营者来说,他们在确定自己所出售产品的价格定位时,一般情况下不会选择价位太高的服装进行出售,这一选择主要受制于本地消费者对高价位服装的消费能力。

通过以上基于需求面的分析,经济发展水平对消费者产品质量满意度(Y)的影响,伴随着居民收入水平(income)、不同收入人群比例和居民消费性支出占比(K)的优化而不断提高。在此,本研究提出假设1:

假设1:在经济发展水平越高的地区,在该地区居民收入水平和消费性支出占比不断提高,同时低收入人群比例不断降低的情况下,该地区产品质量需求水平将不断提高,消费者产品质量满意度将逐步提高。

2. 经济发展水平间接影响消费者产品质量满意度的理论分析

经济发展水平对消费者产品质量满意度的间接影响,是指经济发展水平通过影响产品市场,进而对消费者产品质量满意度所产生的影响,如图4-1虚线所示。消费者产品质量的评价对象,就是本地市场上所出售的产品质量，在此称为产品质量市场供给。产品质量市场供给包括两个方面的含义：一是厂商愿意并且能够出售不同质量水平的产品总和，即市场上各类产品的质量总和；二是厂商愿意并且能够出售某种产品的质量水平的分布，即市场上所出售产品的质量结构。如果一个市场中，低质量产品所占比例较大，也就是产品质量供给层次较低，消费者的产品质量满意度也较低；如果高质量产品在同类产品中所占比例较大，也就是产品质量供给层次较高，消费者对产品质量满意度也越高。

产品质量是由众多在市场中运行的企业供应的，对于分散于市场各个角落的企业而言，之所以会有相对一致的质量选择行为，例如，如果厂商能够普遍地选择生产更高质量的产品，最主要原因并不是来自这些厂商个体的道德良知，也不是来自某个行政部门对其行为的管制，而是他们受制于产品市场的竞争。市场竞争是市场经济运行的一个关键机制，它反映了市场供求、价格变动、市场活动之间的有机联系。市场竞争促使市场上产品的质量供给最大限度地满足消费者的产品质量需求，进而不断提高消费者的产品质量满意度，因而它又是产品质量供给（无论是总和还是结构）的平衡机制。经济发展水平较高的地区，市场机制的发育一般也较为成熟，市场通过优胜劣汰使得高质量产品提供厂商获得更高的市场利润或市场份额，进而促使市场主体选择生产高质量产品的经营策略，使得消费者所消费产品的质量水平也越高。

以下将分为完全竞争市场和不完全竞争市场中产品质量提供主体——厂商的产品质量选择行为：

（1）在完全竞争的产品市场中，由于每种产品的提供厂商众多，因而产品的市场价格可视为给定的。在这种情况下，如果其中的一家厂商试图提高产品价格，就会失去所有的顾客。此时，厂商为了追求产品利润的最大化，将把不同质量水平的产品价格与其所需成本进行比较，进而做出产品质量选择的决策。在其他条件一致的情况下，由于高质量产品的生产成本较高，因而高质量产品的市场价格往往要高于低质量产品的价格。在完全竞争的市场条件下，产品的供应大于产品质量的需求，厂商只有提高产品满足消费需求的能力，提高消费者使用之后的效用，才能获得一定的利润。因而，在完全竞争的市场中，厂商只有提供高质量产品才能获得利润,只有消费者产品质量满意度较高的产品才能在市场上获得一定的市场份额。

(2)当市场存在不完全竞争时,市场中的厂商并不是完全被动地接受由市场决定的产品价格,他们可以成为一定程度上的价格制定者。因而,如果一家厂商所出售产品的价格高于市场价格,该厂商就会失去一些顾客,但不会失去所有的顾客。无论厂商是产品价格的接受者,还是产品的价格制定者,他们的目标都是所获利润的最大化。在不完全竞争市场,如果市场形态是供大于求,为了确定产品质量的选择,厂商会将因提高产品质量获得的边际收益与边际成本进行比较。如果因产品质量提升所带来的边际收益大于边际成本,则厂商会选择不断提高产品质量水平,消费者所消费产品质量的水平也将不断提高。但是,如果因产品质量提升所带来的边际收益低于边际成本,厂商就不会选择提高产品质量,消费者所消费产品质量的水平就不会提高。

具体到我国产品市场的情况,与西方目前较为成熟的市场经济不同,我国经济现在仍处于由计划性的经济体制向市场性的经济体制转变的进程之中。也就是说,我国旧有的计划经济体制目前还尚未完全打破,新的社会主义市场经济体制还需进一步地健全和完善。从市场的进入退出壁垒来看,目前我国的产品市场呈现市场内生性进入退出壁垒和行政性进入退出壁垒并存的状况,市场内生性进入退出壁垒主要包括规模经济、高质量产品优势等,行政性进入退出壁垒主要有行政性垄断等。在其他条件一定的情况下,一个地区较高的市场化程度,就意味着该地区产品市场中的行政性进入退出壁垒越低,即产品市场具有较强的"可竞争性"。根据以上不同市场形态(完全竞争市场和非完全竞争市场)下,厂商产品质量选择行为的分析,并不是取决于市场上厂商的数目,而是取决于市场竞争的程度。这一点与可竞争理论的研究结论是一致的,只要非市场因素对市场竞争的阻碍较小,具有可竞争性的产品市场就能更有效地发挥资源配置的作用。因而,不管我国市场形态是完全竞争状态,还是不完全竞争状态,哪怕是寡头垄断市场,只要市场具有一定的"可竞争性",市场中的厂商就需要不断地提高产品质量,才能满足消费者产品质量需求,进而提高其产品的市场竞争力。因此,从长期来看,不必在意市场上提供某种产品的企业个数,富有竞争性的产品市场更加有利于促进产品质量的发展。如果一个国家或地区的行政性进入退出壁垒偏高,市场化程度偏低,则该市场的"可竞争性"就比较低,市场机制将无法有效地发挥其资源配置功能,高质量产品不能在市场上获得较高的利润,进而会降低厂商通过提高产品质量提升消费者效用的动力。

综上可得,从供给面分析来看,经济发展水平通过市场竞争机制激励企业提供高质量产品,进而对消费者产品质量满意度产生影响。在此,可以给出从间接影响区域消费者产品质量满意度的经济发展因素主要就是市场竞争程度。在此,本研究提出假设2:

假设2:在经济发展水平越高的地区,在产品市场具有一定的竞争性的情况下,该地区产品质量供给水平将不断提高,消费者产品质量满意度将逐步提高。

二 计量模型构建

综合上一节的理论分析与所提出的假设,从产品市场的供求关系出发,基于需求面和供给面的分析,可给出经济发展水平影响消费者产品质量满意度的相关因素,主要包括:居民收入水平、不同收入人群比例、消费性支出占比、市场竞争程度四个因素。此外,根据从本研究所进行的消费者访谈可明显感受到,消费者对自然生态环境较好地区的产品质量满意度相对较高。这是因为经济发展水平的提高,不仅表现在居民收入水平的提高、收入分配结构的合理、消费结构的优化、产业结构的改善等方面,还体现在自然生态环境的可持续性。对于同样功能特性的产品来说,消费者认为环境污染越少的产品,其质量水平越高。从消费者的心理角度来看,消费者对产品质量的评价,是类似于生活幸福感的一种关于产品质量的态度表达。在影响居民生活幸福感的诸多因素中,生活环境被看作是一个重要因素(Bernanke,2010)。本研究还假定经济发展水平提高带来自然生态环境的改善,对消费者产品质量满意度也产生了直接影响。因而,消费者所生活城市的自然环境,是影响消费者产品质量满意度的一个非经济性因素。在此,可以给出经济发展水平影响消费者产品质量满意度的相关因素图,如图4-4所示。

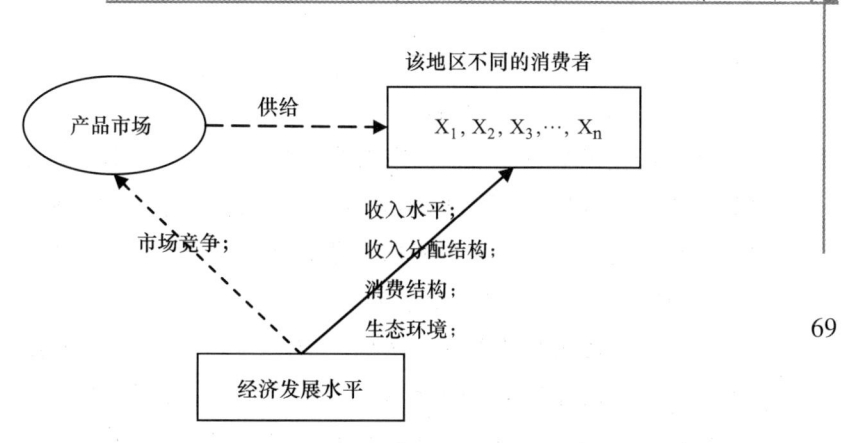

图4-4 经济发展水平影响消费者产品质量满意度的相关因素

根据图4-4,参照 Levinson(2012)[①]的计量模型,解释变量为连续性数值,被解释变量为离散型数值(序数性)。为解决解释变量与样本个体特征之间的相关性问题,模型设定需控制经济发展水平、城市区域特征和消费者样本个体的特征信息。因此,除了解释变量以外,计量模型需涵盖消费者所在城市的特征以及消费者的个体特征变量等控制变量,从而在现有数据基础上充分控制城市特征变量和个体特征变量对于消费者产品质量满意度(Y)的潜在影响,以规避模型设定不足的问题。本研究初步构建如下基本模型估计经济发展水平(Dev)对消费者产品质量满意度(Y)的影响,如方程(4-1)所示。

$$Y_{ij} = \alpha_0 + \alpha_1 Dev_j + \beta A_j + \theta X_{ij} + \xi \quad 方程(4-1)$$

在方程(4-1)中:被解释变量为 Y_{ij},代表第j个城市中第i个消费者对产品质量满意度的分数,为离散型(序数形式)变量;

解释变量为 Dev_j,代表第j个城市的经济发展水平,为连续型变量;

控制变量为城市特征变量 A_j 和消费者个体特征变量 X_{ij};A_j 表示第j个城市的区域特征(市场化程度、居民消费结构、自然环境、居民收入差距等),为离散型变量;X_{ij} 表示第j个城市中第i个消费者的个体特征[收入水平为连续型变量,其余变量(性别、文化程度等)为离散型变

---

① Levinson A. Valuing Public Goods Using Happiness Data: The Case of Air Quality [J]. Journal of public economics, 2012(9): 869-880. 该文中计量模型的被解释变量为居民幸福感(离散型数值),解释变量为居民所在城市的二氧化氮浓度(连续性数值)。

量]。

1. 被解释变量 Y_{ij} 的指标选择

被解释变量为我国不同城市消费者对自己日常所消费产品质量的综合评价 Y_{ij}，本研究将采用问卷调查方法获得该数据，实现该数据的定量化和可比化，该指标数据来源的详细介绍见第三章的具体说明。

2. 解释变量 Dev_j 的指标选择

关于某个地区的经济发展水平（Dev），一般是用 GDP 或人均 GDP 来衡量。本研究选择人均 GDP 这一指标来衡量不同区域的经济发展水平。

国内生产总值 GDP（Gross Domestic Product）指一个国家或地区所有常驻单位在一定时期内生产活动的最终成果。人均 GDP 强调了人均的概念，是反映一个地区社会的发展水平和发展程度的常用指标。本研究之所以选择人均 GDP 作为区域经济发展水平的观测变量，主要有如下原因：

其一，相比 GDP 这一总量指标，人均 GDP 更加关注居民。可以说，GDP 反映的是国家或地区的经济实力和市场规模，人均 GDP 则更多地反映了居民的富裕程度和生活水平。人均 GDP 本身具有社会公平和平等的含义。人均 GDP 虽然不能直接等同于居民的人均收入和生活水平，但构成了一国居民人均收入和生活水平的主要物质基础，是提高居民人均收入水平、生活水平的重要参照指标。事实上，强调人均 GDP 的国家或地区，一般也比较注重提高区域居民的人均收入水平和社会公平程度。

其二，人均 GDP 是一个综合性指标，也能反映社会基础建设水平。人均 GDP 状况直接决定和影响着一个国家在居民收入和生活水平及其社会建设方面的投入取向、投入能力与投入水平。阿西莫格鲁《经济增长导论》中使用人均 GDP 作为经济增长的指标；罗伯特·J. 巴罗《经济增长》中使用人均 GDP 作为经济增长的指标；丹尼森曾使用人均 GDP 作为经济增长的指标。

其三，人均 GDP 指标是经济学领域反映不同区域经济社会发展层次的一个重要指标。在经济学领域，当一国人均 GDP 处于 400—2000 美元阶段时，经济开始起飞；处于 2000—10000 美元阶段时，经济加速发展；超过 10000 美元后，经济稳定增长，标志着经济社会的整体发展达到中等发达国家水平。但人均 GDP 在 3000 美元左右，经济社会也很容易在快速发展中积聚的矛盾集中爆发,自身体制与机制的更新进入临界,陷入所谓"中等收入陷阱"阶段。虽然在2012年我国人均GDP达到6100美元,已进入中等收入偏上国家的行列,还有部分省市已经迈入了"人均10000美元"行列,但还有较多的城市其人均GDP还未达到全国的平均水平。尤其是进入21世纪后,随着一些重大质量安全事件的发生,我国消费者对产品质量的评价也渐渐不满。因而,讨论我国消费者对产品质量的评价,不得不考虑消费者所在地区人均GDP水平。

3. 城市控制变量 A_j 的指标选择

根据上一节的分析,本研究将主要控制受访者所在城市经济发展的区域特征 A_j,包括:市场化程度、居民消费结构、自然环境、居民收入差距。

(1) 市场化程度

该变量的含义就是商品销售环节的商品市场化程度,主要就是指在销售环节市场在资源配置中所起作用的程度,通过价格机能使得供需平衡。该变量的评价指标主要有非国有企业所占销售额比例、第三产业占比、经济开放度等,或者基于若干指标的综合性指标。从市场化指标设计角度出发,产业结构的调整可以作为由传统计划经济向市场经济转型的代表性指标。加之与消费者产品质量消费最为密切相关的就是服务业的发展水平,因而本研究选择第三产业占比来衡量某地区的市场化程度。该指标(符号为 marketization)的计算方法就是分别找到不同城市的第三产业增加值和GDP,再计算这两个数值之比即可。计算公式为 marketization = 第三产业增加值/本地区GDP。相关数据来源于2013年、2014年《中国统计年鉴》、各城市的《国民经济和社会发展统计公报》等。

(2) 居民消费结构

该变量的含义就是城镇居民的消费性支出占城镇居民可支配收入的比率。该变量的衡量指标符号是 con_inc,其指标计算方法是 con_inc = 城镇居民的消费性支出/城镇居民可支配收入。需要先分别找出不同城市的城镇居民消费性支出总额和城镇居民可支配收入总额,再计算这两个数值之比即可。相关数据来源于2013年、2014年《中国统计年鉴》、各城市的《国民经济和社会发展统计公报》等。

(3) 自然环境

该变量的内涵就是消费者所生活区域的生活环境。现有实证研究证明，随着我国居民对自然环境关注度的不断提高，生活环境中的自然环境对居民幸福感有较大影响。本研究将选择自然环境作为生活环境的观测指标。该指标来源于本研究对产品质量满意度的消费者问卷调查，加入消费者对自己所在城市自然环境满意度评价的问项。该指标的取值范围和消费者产品质量满意度一致，为1—10分。

（4）居民收入差距

该变量的内涵就是某一城市不同收入人群的收入差距。在现有文献中，国内学者常用城镇人均可支配收入与农村人均纯收入之比来度量居民收入差距。考虑到城乡二元结构体制是我国经济和社会发展中存在的一个较为现实的问题，因此本研究选择用一个地区的城乡居民收入差距这一指标来衡量该区域居民收入差距。该指标的计算方法就是分别找到各个城市的城镇居民可支配收入和农民纯收入，再计算这两个数值之比即可。计算公式为 incomegap = 城镇居民可支配收入/农民纯收入。相关数据来源于2013年、2014年《中国统计年鉴》、各城市的《国民经济和社会发展统计公报》等。

4. 消费者个体特征控制变量 X_{ij} 的选择

消费者的个体特征变量 X_{ij} 包括收入水平、性别、年龄、受教育程度、居住地、婚姻状况等，均来自对产品质量满意度的消费者问卷调查，由消费者自己进行填报，在此不做专门说明。

（1）消费者收入水平

从数值类型看，评价消费者收入水平的方法有两种。一种是将消费者的收入分为不同等级，为序数型数值；一种是消费者的绝对收入（实际收入），为离散型指数。为了便于估计消费者实际收入与产品质量满意度的定量关系，本研究将选择消费者平均每月的绝对收入作为消费者收入水平的评价指标。该指标来源于本研究对产品质量满意度的消费者问卷调查中消费者对自己月收入水平的调查问项，由消费者自己填报。该变量的衡量指标符号是 income。

（2）居住地

为了观测生活在城市和农村的居民对产品质量满意度的差异，本研究将居住地分为农村和城镇两类进行区隔。该指标来源于本研究对产品质量满意度的消费者问卷调查中消费者对自己所生活区域的问项。该变量的衡量指标符号是 location。

由于被解释变量消费者产品质量满意度取值为 1—10，相比而言，解释变量人均 GDP 数值非常大（例如某城市的 2013 年人均 GDP 为 101689 元），在此将人均 GDP 取对数之后，再带入计量模型进行计算。本研究选择对数线性模型，主要基于以下原因：一是通过对数线性回归可以测度因变量对于核心自变量的弹性系数；二是通过取自然对数可以有效减弱模型数据的异方差性，并使数据更趋近于正态分布，以满足经典线性回归模型的假定。综上，在此将方程（4-1）可以转化为方程（4-2），方程（4-2）中各个变量的符号和数据来源见表 4-1。

$$Y_i = \alpha_0 + \alpha_1 \log pergdp_j + \beta A_j + \theta X_i + \xi_i \qquad 方程（4-2）$$

其中：Y_{ij} 为第 j 个城市第 i 个消费者对产品质量满意度；$pergdp_j$ 为第 j 个城市的人均 GDP；

城市特征变量 A_j 主要包括：第 j 个城市的城镇居民消费性支出占比（con_inc）、第三产业占比（marketization）、自然环境（envi）和居民收入差距（incomegap）；

消费者个体特征变量 X_{ij} 主要包括：第 j 个城市第 i 个消费者的月收入（income）、性别（sex）、年龄（age）、受教育程度（education）、居住地（location）、婚姻状况（marriage）。α_0 为常数项，α_1 为人均 GDP 对 Y_{ij} 的影响系数，β 为城市变量对 Y_{ij} 的影响系数，θ 为消费者个体特征对 Y_{ij} 的影响系数，ξ_i 为残差。

第三节　计量模型计量方法与符号说明

由于被解释变量——消费者产品质量满意度（Y）是非连续序数（Ordered）变量，取值为 1—10。参照相关研究，在进行回归分析探寻其决定因素时应使用序数概率模型（Ordered probit model）或序数逻辑模型（Ordered logit model）。序数 probit 和序数 logit 模型非常相似，序数 logit 与序数 probit 的差别在于构造的潜在变量方程中误差项的分布不同。序数 logit 是假定误差项具有逻辑分布，而序数 probit 则是假定误差项具有正态分布。有序 Probit 模型最早出现在社会科学中，由 Mckelvey 和 Zavoina 于 1975 年提出，现在已广泛应用于离散有序变量估计模型中。本研究将采用序数 Probit（Ordered Probit）模型来估计方程（4-2）

中的主要参数。

表4-1 各变量符号及说明

分类	变量名称	变量符号	含义及数据来源
被解释变量	（消费者）产品质量满意度	Y	数据来自问卷调查
解释变量	经济发展水平	pergdp	人均GDP；基础数据来自统计年鉴
控制变量			
城市特征	消费业支出占比	con_inc	城镇居民消费性支出占可支配收入的比例；基础数据来自统计年鉴
城市特征	市场化程度	marketization	第三产业增加值占GDP的比例；基础数据来自统计年鉴
城市特征	自然环境	envi	环境质量满意度；数据来自问卷调查
城市特征	居民收入差距	incomegap	城镇居民可支配收入与农民纯收入的比；基础数据来自统计年鉴
消费者个体特征	收入水平	income	数据来自问卷调查
消费者个体特征	性别	sex	男=0，女=1；数据来自问卷调查
消费者个体特征	年龄	age	1=18—30岁，2=31—40岁，3=41—50岁，4=51—60岁，5=61岁以上；数据来自问卷调查
消费者个体特征	受教育程度	education	1=研究生以上，2=大学，3=大专，4=中专、中技、职高，5=高中，6=初中，7=小学，8=文盲或半文盲；数据来自问卷调查
消费者个体特征	居住地	location	0=城镇，1=农村；数据来自问卷调查
消费者个体特征	婚姻状况	marriage	0=已婚，1=未婚；数据来自问卷调查

第四节 总体回归结果与经济含义

一 总体回归结果（解释变量为人均 GDP）

对方程（4-2）的计量模型中涉及的各变量进行描述性统计，结果如表 4-2 所示。特别说明的是，在 2013 年的质量评价调查中，控制变量消费者月收入（income）均为消费者填报的绝对收入；但是在 2014 年的调查中，消费者收入为消费者选择的序数性月收入（分为 1—10 十个层次）。由于计量模型所用消费者月收入为绝对收入，因而本模型在代入消费者月收入这一控制变量时，只代入了 2013 年的质量评价调查数据，因而就造成了消费者月收入的 Obs 值相较于其他变量会较低。

表 4-2　　　　　　　各主要变量描述性统计结果

Variable	Obs	Mean	Std. Dev.	Min	Max
Y	10906	6.094	1.717	1	10
pergdp	10787	63037	28552	12488	142961
income	4694	8473.9	18396.88	2000	600000
marketization	10678	0.450	0.114	0.150	0.770
con_inc	8776	0.670	0.198	0	1.315
envi	10903	6.148	1.906	1	10
sex	10903	0.513	0.508	0	1
age	10887	2.129	1.132	0	5
location	10883	0.293	0.466	0	1
education	10885	3.324	1.657	0	8

从表 4-2 可知，消费者产品质量满意度的均值为 6.094 分，最高值为 10 分，最低值为 1 分。人均 GDP 均值为 63037 元，最高值为 142961 元，最低值为 12488 元；消费者月收入均值为 8473.9 元，最高值为 600000 元，最低值为 2000 元；第三产业占比均值为 0.450，最高值为 0.770，最低值为 0.150。其他指标的描述性统计不再说明。

将 2013 年和 2014 年的数据代入到计量模型，采用 stata12.0 进行数据回归。被解释变量为消费者对自己日常所消费产品质量满意度（Y），解释变量为经济发展水平，使用人均GDP表示；控制变量包括城市和个人的相关特征。为了进一步检验反映经济发展水平的人均GDP对消费者产品质量满意度是否具有显著性影响，在控制消费者所在城市人均GDP这一基础模型的基础上，逐步加入更多个体特征和城市特征变量的条件下进行回归检验。所构建模型（4-1）至模型（4-5）的含义分别为：

模型（4-1）表示在控制样本所在城市人均GDP的计量模型；

模型（4-2）表示在模型（4-1）的基础上，加入与收入相关的个体特征变量月收入水平的计量模型；

模型（4-3）表示在模型（4-2）的基础上，加入消费者个体特征变量（性别、年龄、学历、居住地、婚姻状况）的计量模型；

模型（4-4）表示在模型（4-3）的基础上，加入城市特征变量（服务业比重、居民消费结构、自然环境）的计量模型；

模型（4-5）表示在模型（4-4）的基础上，加入城市特征变量（城乡居民收入差距）的计量模型。

根据以上思路，模型（4-1）至模型（4-5）的总体回归结果，如表4-3所示：

表4-3　总体回归结果（解释变量为消费者产品质量满意度Y）

	模型（4-1）	模型（4-2）	模型（4-3）	模型（4-4）	模型（4-5）
logpergdp	0.058***	0.085***	0.087***	0.103***	0.135***
	(0.020)	(0.032)	(0.032)	(0.035)	(0.045)
loginc		-0.052***	-0.048***	-0.037***	-0.031**
		(0.012)	(0.012)	(0.013)	(0.013)
sex			-0.0260	-0.0430	-0.0350
			(0.030)	(0.030)	(0.031)
age			0.036**	0.0160	0.0130
			(0.017)	(0.017)	(0.018)
location			-0.061*	-0.0540	-0.0460
			(0.034)	(0.034)	(0.035)
marriage			0.0360	0.00500	-0.00600
			(0.039)	(0.040)	(0.041)

续表

	模型（4-1）	模型（4-2）	模型（4-3）	模型（4-4）	模型（4-5）
marketization				-0.540***	-0.664***
				(0.140)	(0.156)
con_inc				-0.172***	-0.150**
				(0.063)	(0.064)
envi				0.225***	0.227***
				(0.008)	(0.008)
incomegap					-0.084*
					(0.043)
N	10786	4694	4690	4581	4362

注：(1) * p<0.1, ** p<0.05, *** p<0.01；(2) 在各模型中加入人均GDP二次项之后，二次项对消费者产品质量满意度不显著，故本回归结果没有加入人均GDP二次项。

根据表4-3的总体回归结果，随着控制变量的逐步加入，人均GDP对消费者产品质量满意度的影响始终是正向的，而且都在1%水平上显著。同时，还发现随着城市变量和个体变量的逐步加入，反映经济发展水平的人均GDP这一指标，对消费者产品质量满意度的影响越来越大，影响系数从模型（4-1）的0.058逐渐提高到模型（4-5）的0.135。因此，可得反映经济发展水平的人均GDP（pergdp）对于消费者产品质量满意度（Y）的影响显著且为正。另外，在模型中加入人均GDP二次项之后，二次项对消费者产品质量满意度不显著。因而，可得本章第二节提出的假设成立，即：在其他条件不变的情况下，人均GDP的提高会显著提高消费者对所消费产品质量的满意度。

由于有序Probit模型估计系数仅仅反映了人均GDP对消费者产品质量满意度的方向，所以还需要估计人均GDP（pergdp）对消费者产品质量满意度（Y）的边际效应。根据模型（4-5），进一步分析人均GDP与消费者产品质量满意度之间的影响系数，二次曲线拟合如图4-5所示，一次曲线拟合如图4-6所示。从二次曲线、一次曲线拟合图来看，与有序Probit模型估计结果一致的是，人均GDP二次项对消费者产品质量满意度（Y）影响不显著，人均GDP一次项对消费者产品质量满意度Y的影响呈正向线性关系。从一次拟合的结果看（如表4-4所示），人均GDP（对数）对消费者产品质量满意度Y的影响系数为 0.178。

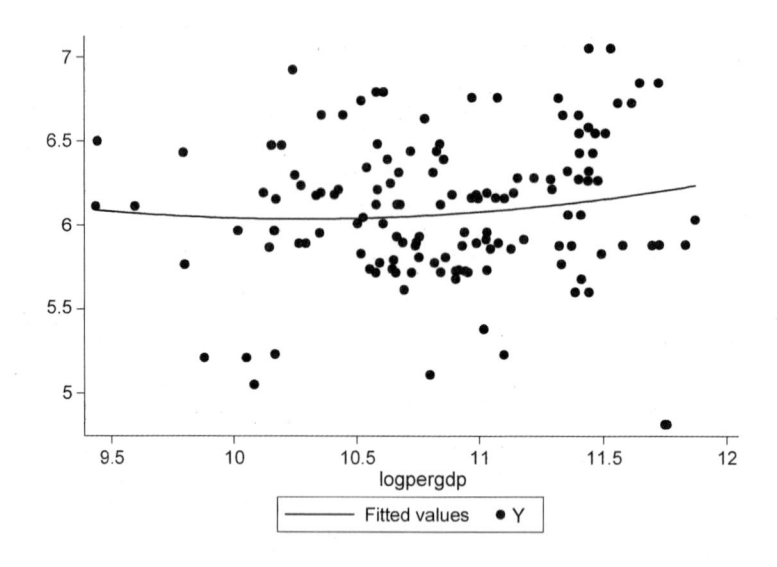

图 4-5　人均 GDP 与消费者产品质量满意度（Y）二次曲线拟合

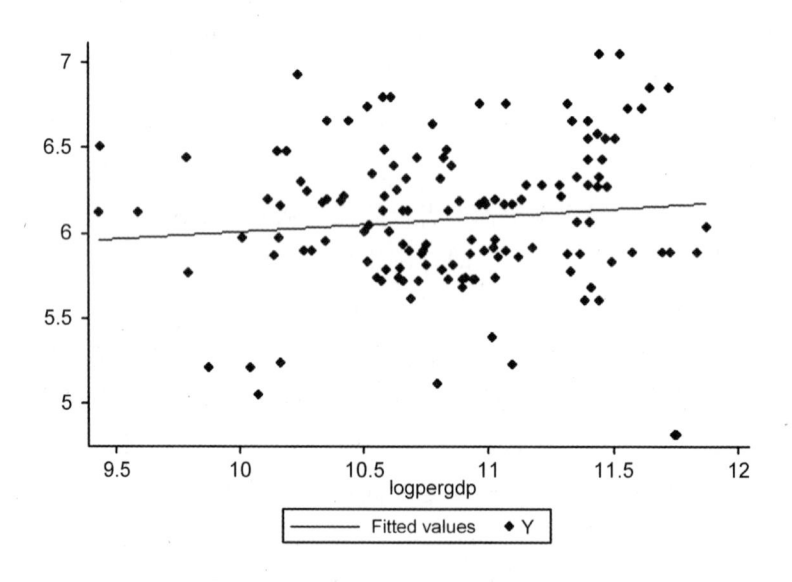

图 4-6　人均 GDP 与消费者产品质量满意度（Y）一次曲线拟合

表 4-4　　人均 GDP 与消费者产品质量满意度（Y）一次曲线拟合结果

Y	Coef.	Std. Err	t	P	_cons	Obs
logpergdp	0.178	0.0699	2.54	0.011**	3.52	4362
城市区域特征	控　制					
消费者个体特征	控　制					

注：(1) * $p<0.1$，** $p<0.05$，*** $p<0.01$；(2) 由于人均 GDP (pergdp) 的二次项对消费者产品质量满意度不显著，故本回归结果没有加入人均 GDP 的二次项。

二　基于回归结果的分析

根据图 4-6 和表 4-4 所示的模型（4-5）的回归结果，可以发现：在控制其他变量不变的情况下，人均 GDP（对数）与对消费者产品质量满意度（Y）的影响系数为 0.178。根据回归结果，可将本章所构建计量模型回归结果转化为方程（4-3），如下所示：

$$Y = 3.52 + 0.178 Logpergdp - 0.046 Loginc - 0.157 incomegap - 1.07 marketization - 0.22 con\_inc + 0.35 envi + \theta X_i + \xi$$

方程（4-3）

为了便于分析，主要考虑解释变量人均 GDP 和被解释变量消费者产品质量满意度 Y，可将回归结果方程（4-3）简化为方程（4-4）：

$$Y = 3.52 + 0.178 Logpergdp + \beta A_j + \theta X_i + \xi \quad 方程（4-4）$$

根据方程（4-4），可得在其他条件不变的情况下，人均 GDP 对产品质量满意度（Y）的影响系数 K_{pg-y}，计算公式如下所示：

$$K_{pg-y} = (\Delta Logpergdp)/\Delta y = 0.178$$

由于该影响系数 K_{pg-y} 所涉及的变量是人均 GDP 的对数，根据该弹性系数进一步换算，可得在其他控制因素不变的情况下，人均 GDP 每提高 1000 元，消费者产品质量满意度提高比例为 K_Δ：

$$K_\Delta = \frac{K_{pg-y} \times 1000}{100}\% = 1.78\%$$

综上可得，在其他控制因素不变的情况下，对于我国不同城市来说，反映区域经济发展水平的人均 GDP 指标 pergdp 每提高 1000 元，消费者产品质量满意度将提高 1.78%。反之，在其他条件不变的情况下，如果让消费者产品质量满意度提高 10%，那么就需要提高人均 GDP 约 5618 元，计算公式如下所示。

$$pergdp = \left(\frac{1000}{1.78\%}\right) \times 10\% = 5618 \, 元$$

此外，通过总体回归结果［即方程（4-3）］，本研究还发现：在 $pergdp$ 影响 Y 显著的条件下，环境质量满意度对 Y 的影响是正向的，其他消费者收入、第三产业占比、城乡收入差距与消费性支出占比这四个控制变量对 Y 的影响是负向的，具体结果如表4-5所示。

表4-5　主要控制变量对 Y 的影响系数（$pergdp$ 影响 Y 显著的条件下）

控制变量	对 Y 的影响系数	影响方向	影响程度位次（按影响程度排序）
第三产业占比（marketization）	1.07	-	1
自然环境（envi）	0.35	+	2
消费性支出占比（con_inc）	0.221	-	3
城乡收入差距（incomegap）	0.157	-	4
居民绝对收入（income）	0.046	-	5

根据总体回归结果方程（4-3）和表4-5，可推出在 $pergdp$ 影响消费者产品质量满意度 Y 显著的条件下：

（1）城市自然环境的改善对消费者产品质量满意度具有显著的正向影响。在其他条件不变的情况下，自然环境每提高1%，消费者产品质量满意度将提高0.35%。这一影响比例高于人均GDP对产品质量满意度 Y 的影响程度（0.178）。因而，在发展区域经济发展水平，尤其是提高人均GDP的同时，如果消费者所生活区域的自然环境能提高1%，在其他条件不变的情况下，消费者产品质量满意度为0.528（0.35+0.178=0.528）。

（2）收入分配的双重负向作用，有可能抵消该地区人均GDP提升带来的产品质量满意度的提升，进而降低消费者产品质量满意度水平。在环境质量、第三产业占比、城乡收入差距、消费性支出占比，以及其他消费者个体特征不变的情况下，$pergdp$ 每上升1%，Y 提高0.178；如果此时消费者绝对收入能够同时提高1%，则消费者产品质量满意度 Y 的提高值为0.178-0.046=0.132。进一步分析，如果在此情况之下，该区域城乡居民的收入差距开始逐渐扩大，假设城乡居民的收入差距扩大程度为1%，则产品质量满意度 Y 的提高幅度为负值（0.132-0.157=

-0.025)，即：此时消费者的产品质量满意度随着人均GDP的提高反而出现下降趋势。由此可知，对于一个地区的经济发展来说，在人均GDP不断提高的过程中，居民绝对收入的提高和城乡收入差距的扩大都将对消费者产品质量满意度产生负向影响，因而抵消人均GDP提升带来的产品质量满意度，进而出现该地区的经济发展水平提高了，但是该区域消费者对产品质量的满意度反而下降的结果。

（3）服务业对消费者产品质量期望具有抬高作用。经济发展水平越高的区域，其人均GDP越高，第三产业占比也越高（产业结构越合理）。然而与此相悖的是，为什么以上的实证结果会出现第三产业占比对产品质量满意度Y的影响系数为负，而且其负向影响系数（1.07）还高于人均GDP对产品质量满意度Y的正向影响系数（0.178）？本研究在模型（4-5）中再次加入区域经济开放度的指标——进出口额占GDP比重，发现第三产业占比对产品质量满意度Y的影响变为不显著。根据这一分析，可得第三产业占比这一指标对Y的影响为负向的主要原因是：服务业越发达的区域，区域经济的开放度一般也比较高，消费者对产品质量信息的了解也更加充分，因而就会更加挑剔，对产品质量满意度当然就会更低。不过，对于一个地区来讲，无论是短期还是长期，该地区第三产业占比本身的变动幅度一般要小于人均GDP的变动幅度，因而即便是两者对产品质量满意度Y的影响是相反的方向，人均GDP对产品质量满意度Y的正向拉动幅度仍然是大于第三产业占比的负向降低程度的。

（4）居民用于消费性支出的比例越大，消费者产品质量满意度越低。据此可以推出，居民用于非消费性支出的比例越大，消费者产品质量满意度越高。居民消费性支出是指居民家庭用于日常生活的全部支出，包括购买商品支出和文化生活、服务等支出。居民非消费性支出指用于家庭日常生活以外的支出，包括财产性支出、转移性支出、缴纳的各项社会保障支出和购建房支出等。根据迟福林（2013）的研究，由于医疗、教育、社会保障等基本公共服务的价格上涨超过了人均收入的增长速度，造成我国城乡居民的消费预期不稳、边际消费倾向下降。很明显，对于消费性支出占比较高的区域，非消费类支出就相对比较低，该区域的社会福利水平相对就弱一些。这就造成了消费者畏惧消费、预期不乐观的心理状态，产品质量的评价也受到这一负面心理的影响。

三 稳健性检验

以上通过对我国85个城市1.1万余名消费者产品质量满意度的有序Probit样本回归,得出的结论在一定程度上印证了本研究在第三部分提出的假设。为了验证估计结果是否对估计方法敏感,也避免由于有关数据的统计不太完善带来的不利影响,进一步检验本研究提出的假设,本研究需要进行稳健性检验。本研究的稳健性检验,将主要采取OLS和有序Logit估计方法对模型进行估计。

如表4-6所示,可以看到,在加入相同的消费者个体特征变量和城市特征变量之后,采用有序Logit的回归结果,人均GDP影响消费者产品质量满意度的系数仍然显著为正。也就是说,经济发展水平的提升显著提高了消费者对产品质量的满意度。这与Oprobit回归的结论是一致的,即人均GDP对消费者产品质量满意度的影响为正向显著。同时结果发现,改变回归方法之后,人均GDP对消费者产品质量满意度的影响系数显著并没有发生明显变化,这说明模型(4-5)和方程(4-3)的结果较为稳健。其实这一结论也印证了类似研究的结论,如Ferrer-i-Carbonell和Frigters(2004)发现被解释变量是序数的表示方式时,有序Probit、有序Logit和OLS线性回归的系数估计结果大致相当。

表4-6 稳健性回归结果表(采用OLogit回归)

	模型(4-1)	模型(4-2)	模型(4-3)	模型(4-4)	模型(4-5)
logpergdp	0.106***	0.165***	0.170***	0.209***	0.261***
	(0.035)	(0.055)	(0.056)	(0.061)	(0.079)
loginc		-0.095***	-0.086***	-0.066***	-0.055**
		(0.021)	(0.022)	(0.022)	(0.022)
sex			-0.0410	-0.087*	-0.0630
			(0.052)	(0.053)	(0.054)
age			0.072**	0.0310	0.0280
			(0.029)	(0.030)	(0.031)
location			-0.129**	-0.111*	-0.104*
			(0.058)	(0.059)	(0.061)

续表

	模型（4-1）	模型（4-2）	模型（4-3）	模型（4-4）	模型（4-5）
marriage			0.0680	-0.00900	-0.0180
			(0.068)	(0.069)	(0.071)
marketization				-0.883***	-1.123***
				(0.242)	(0.268)
con_inc				-0.323***	-0.287***
				(0.109)	(0.110)
envi				0.425***	0.428***
				(0.015)	(0.016)
incomegap					-0.148**
					(0.075)
N	10786	4694	4690	4581	4362

注：* $p<0.1$；** $p<0.05$；*** $p<0.01$。

第五节　主要控制变量对消费者产品质量满意度的影响

上节给出了反映经济发展水平的人均 GDP 影响消费者产品质量满意度（Y）的回归结果，由于第三产业占比、自然环境、居民收入水平、居民收入差距、居民消费结构这些控制变量对 Y 也有一定的显著影响，且这五个控制变量也是一个地区经济社会发展水平在生态环境、收入分配、产业结构、消费结构等方面的重要评价指标。因此，本研究认为有必要通过回归模型，进一步分析这五个控制变量对产品质量满意度 Y 之间的影响方向。

一　产业结构对消费者产品质量满意度的影响

根据一般经济规律，经济发展水平越高的区域，其人均 GDP 越高，第三产业占比也越高（产业结构越合理）。服务业的发展对消费者产品质量满意度（Y）的影响是否显著？如果是显著的，影响方向是正向还是负向？本节将通过实证数据回答这一问题。

在设定具体的回归模型之前，须明确与第三产业占比影响消费者产品质量满意度的因素有哪些，从而较为准确地选取计量模型的控制变量，保证计量模型的完整性与合理性。除了本节重点探讨的第三产业占比对消费者产品质量满意度的影响之外，还有其他城市区域因素会影响消费者产品质量满意度。这些城市区域因素包括：服务业服务质量（符号为：service）、居民消费性支出占比（符号为：con_inc）、自然环境（符号为：envi）等。

对于居民消费性支出占比和自然环境这两项指标的内涵和数据来源，均和前文一致，在此就不重复说明。值得说明的是"服务业质量"这一区域因素的内涵和数据来源。国际上对服务业质量评价的一般指标就是顾客满意度，因而在此所指的"服务业质量"是指一定区域的消费者对该区域主要服务业质量水平的评价。该指标的数据来源为本研究的质量评价调查，也就是说在调查消费者产品质量满意度的同时，本研究也调查了消费者对本区域服务业质量的评价。

将质量调查数据以及其他各相关数据代入计量模型中，采取OLogit方法进行回归估计，利用stata12.0软件进行运算。被解释变量为消费者对自己日常所消费产品质量满意度（Y），解释变量为第三产业占比（marketization）的一次项，统计方法为第三产业增加值占GDP的比例，控制变量包括城市和个人的相关特征。表中的模型（s-1）—（s-5）分别表示在控制第三产业占比的一次项后，加入第三产业占比的二次项（ss）、个体特征变量、加入更多城市特征变量的条件下，第三产业占比一次项（marketization）和二次项（ss）对消费者产品质量满意度的影响，总体回归结果如表4-7所示。

表4-7　第三产业占比对消费者产品质量满意度的总体回归结果

	模型（s-1）	模型（s-2）	模型（s-3）	模型（s-4）	模型（s-5）
marketization	1.744**	1.651*	1.644*	1.755*	1.497*
	(0.843)	(0.851)	(0.866)	(0.907)	(0.915)
ss	-2.782***	-2.683***	-2.603***	-2.744***	-2.576***
	(0.893)	(0.902)	(0.920)	(0.954)	(0.962)
service			0.492***		0.478***
			(0.013)		(0.014)
envi			0.316***	0.490***	0.314***
			(0.011)	(0.012)	(0.013)

续表

	模型（s-1）	模型（s-2）	模型（s-3）	模型（s-4）	模型（s-5）
con_inc				-0.517***	-0.258**
				(0.101)	(0.102)
N	10677	10647	10637	8633	8629
个体特征	控制	控制	控制	控制	控制

注：* $p<0.1$；** $p<0.05$；*** $p<0.01$。

根据表4-7的回归结果，从模型（s-1）—（s-5）第三产业占比的一次项和二次项对消费者产品质量满意度的影响始终显著。同时，第三产业占比的一次项系数始终为正，二次项系数始终为负。可见，计量模型（s-5）的结果是稳健的。在其他条件不变的情况下，第三产业占比对产品质量满意度的一次项系数为1.50，二次项系数为-2.58，常数项为10.31。由于自变量第三产业占比的一次项为正、二次项为负，因而第三产业占比对因变量消费者产品质量满意度的影响，呈倒"U"形曲线，二次曲线拟合结果如图4-9所示。

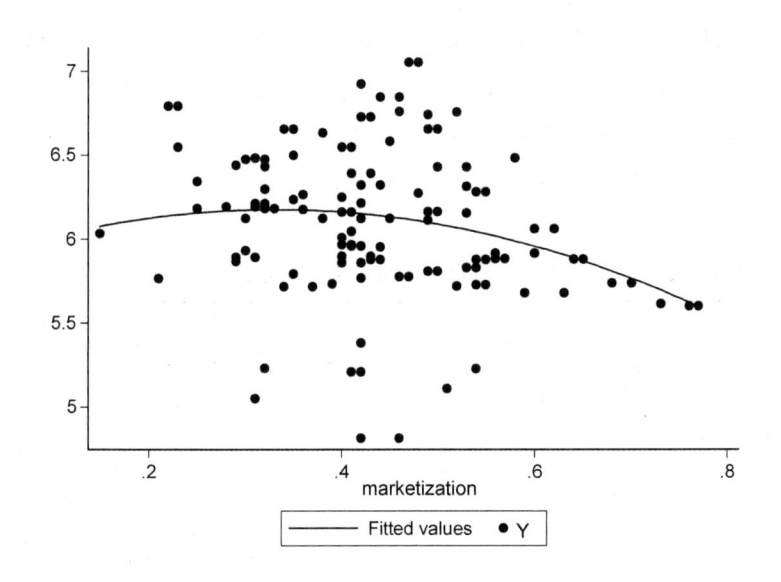

图4-7 第三产业占比与消费者产品质量满意度（Y）二次曲线拟合

从图4-7的拟合结果可得，第三产业占比（marketization）对消费者产品质量满意度 Y 的回归结果，如方程（4-5）所示：

$$Y_{ij} = -2.58ss + 1.50 marketization + \eta A_j + \lambda X_{ij} + 10.31 + \zeta$$

方程（4-5）

对方程（4-5）进一步分析，可得到第三产业占比这一因素影响产品质量满意度 Y 的门槛值为 0.3。因此，在其他控制条件不变的情况下，对于我国的不同城市来讲：

（1）当城市的第三产业占比低于 0.3 时，消费者产品质量满意度随着第三产业占比的提高而提高；

（2）当城市的第三产业占比高于 0.3 时，消费者产品质量满意度随着第三产业占比的提高而降低。

目前来说，我国地级以上城市的第三产业占比基本上都超过了 0.3，这些城市的消费者产品质量满意度处于边际递减的阶段；对于中小城市比如许昌（2014 年第三产业占比为 0.23）、宜昌（2014 年第三产业占比为 0.28）、淮北（2014 年第三产业占比为 0.25）等这些城市的 2014 年第三产业占比仍未超过门槛值 0.3，这些城市的消费者产品质量满意度处于边际递增的阶段。

同样地，为了验证估计结果是否对估计方法敏感，也避免由于有关数据的统计不太完善带来的不利影响，进一步检验本研究提出的假说，本研究需要进行稳健性检验。本节的稳健性检验将采用改变回归的方法进行估计，即采用有序 Probit 估计方法对模型（s-5）的结果进行重新估计，重新回归之后的结果如表 4-8 所示。

表 4-8　　第三产业占比的稳健性检验结果（更换回归方法）

	模型（s-1）	模型（s-2）	模型（s-3）	模型（s-4）	模型（s-5）
marketization	0.997**	0.933*	0.784	0.835	0.680
	(0.489)	(0.493)	(0.496)	(0.523)	(0.525)
ss	-1.604***	-1.541***	-1.321**	-1.406**	-1.297**
	(0.516)	(0.520)	(0.523)	(0.547)	(0.548)
N	10677	10647	10637	8633	8629
区域特征	控制	控制	控制	控制	控制
个体特征	控制	控制	控制	控制	控制

注：* $p<0.1$，** $p<0.05$，*** $p<0.01$。

从表4-8的Oprobit重新回归结果看,从模型(s-1)—(s-5),第三产业占比的二次项影响系数始终为负、一次项影响系数始终为正(虽然显著性是逐渐降低的)。据此得出,第三产业占比对因变量消费者产品质量满意度的影响,呈倒"U"形曲线。这与表4-7 OLogit的回归结果是一致的。另外,根据表4-8的模型(s-5)的OProbit回归结果,可以得出第三产业占比的门槛值为0.3,该结果与表4-7 OLogit的回归结果的门槛值0.3是一致的。因而,可知在改变回归方法之后,第三产业占比对消费者产品质量满意度的影响曲线以及门槛值均基本一致,这说明模型(s-5)的结果较为稳健。

二 自然环境对消费者产品质量满意度的影响

将调查数据以及其他各相关数据代入到计量模型中,采取OLogit方法进行回归估计,利用stata12.0软件进行运算。被解释变量为消费者对自己日常所消费产品质量满意度(Y),解释变量为消费者所生活地区环境质量评价(envi),控制变量包括城市特征变量和消费者个体特征变量。消费者所生活地区环境质量评价(envi)来自本研究所开展调查的问卷,其含义是消费者对所生活城市空气、水、绿化等生态环境的综合评价。

表4-9　自然环境对消费者产品质量满意度(Y)的总体回归结果

	模型e-1	模型e-2	模型e-3
envi	0.489***	0.492***	0.492***
	(0.010)	(0.010)	(0.012)
sanchan			-0.998***
			(0.169)
con_inc			-0.508***
			(0.101)
incomegap			-0.297***
			(0.047)
N	10902	10868	8311
个体特征	控制	控制	控制

注:(1) * $p<0.1$, ** $p<0.05$, *** $p<0.01$;(2)在各模型中加入自然环境二次项之后,二次项对消费者产品质量满意度不显著,故本回归结果没有加入自然环境的二次项。

根据表4-9的回归结果,从模型(e-1)—(e-3)自然环境对消费者产品质量满意度的影响始终正向显著。据此,得到自然环境对消费者产品质量满意度Y的回归结果,如方程(4-6)所示:

$$Y_{ij} = 0.492envi + \eta A_j + \lambda X_{ij} + 6.64 + \zeta \qquad 方程(4-6)$$

根据回归结果方程(4-6)可知,在其他控制变量一致的条件下,随着自然环境质量的提高,消费者对产品质量满意度也越高,两者呈现正向的线性关系。

同样地,为了验证估计结果是否对估计方法敏感,也避免由于有关数据的统计不太完善带来的不利影响,需要进行稳健性检验。本节的稳健性检验将采用改变回归的方法进行估计,即采用线性回归的估计方法对表4-7的模型进行重新估计。从线性回归的结果看,自然环境质量对Y的影响始终显著为正,影响系数为0.39。可知在改变回归方法之后,自然环境对消费者产品质量满意度的影响方向以及影响系数基本一致,这说明模型(e-3)的结果较为稳健。

三 居民收入水平对消费者产品质量满意度的影响

居民收入水平对消费者产品质量满意度(Y)的影响是否显著?如果是显著的,影响方向是正向还是负向?本节将通过实证数据回答这一问题。

在此,"居民收入"用消费者的家庭月收入来替代。之所以用"家庭收入"而不是"个人收入",主要是因为在我国家庭收入对居民主观感受的意义更大(罗楚亮,2009;张学志、才国伟,2011),在很多实证研究中控制的是家庭绝对收入。本节"家庭收入"(绝对收入)指标的数据来源与前文计量模型(4-5)所用数据一致,即数据来源为本研究质量评价调查问卷中的填写项。

将质量调查数据以及其他各相关数据代入到计量模型中,采取OLogit方法进行回归估计,利用stata12.0软件进行运算。被解释变量为消费者对自己日常所消费产品质量的评价(Y),解释变量为居民月收入(inc_{ij}),控制变量包括城市和个人的相关特征。

表 4-10　居民家庭月收入对消费者产品质量满意度的总体回归结果

	模型（i-1）	模型（i-2）	模型（i-3）	模型（i-4）
loginc	-0.203***	-0.240***	-0.236***	-0.250***
	(0.071)	(0.081)	(0.081)	(0.082)
insq	0.00900	0.015**	0.014**	0.014**
	(0.005)	(0.007)	(0.007)	(0.007)
con_inc			-0.104	-0.326***
			(0.098)	(0.102)
envi				0.420***
				(0.015)
N	4694	4686	4686	4584
个体特征	控制	控制	控制	控制

注：* $p<0.1$；** $p<0.05$；*** $p<0.01$。

表中的模型（i-1）—（i-4）分别表示了在控制居民月收入的一次项 $loginc_{ij}$ 后，加入居民月收入的二次项（$insq_{ij}$）、个体特征变量、加入更多城市特征变量的条件下，居民月收入一次项（$loginc_{ij}$）和二次项（$insq_{ij}$）对消费者产品质量满意度（Y_{ij}）的影响，总体回归结果如表 4-10 所示。

根据表 4-10 的回归结果，从模型（i-1）—（i-4）居民月收入的一次项和二次项对消费者产品质量满意度的影响始终显著。同时，居民月收入的一次项系数始终为负，二次项系数始终为正。可见，计量模型（i-4）的结果是稳健的。在其他条件不变的情况下，居民月收入（对数）对产品质量满意度的一项系数为 -0.250，二次项系数为 0.014，常数项为 6.21。据此，得到居民月收入（对数）对消费者产品质量满意度 Y 的回归结果，如方程（4-7）所示：

$$Y_{ij} = 0.014 insq_j - 0.25 loginc_j + \eta A_j + \lambda X_{ij} + 6.21 + \zeta \quad 方程（4-7）$$

由于自变量居民月收入（对数）的二次项为正、一次项为负，因而居民月收入对因变量消费者产品质量满意度的影响，呈"U"形曲线。进一步分析，可得到居民月收入（对数）的门槛值为 8.93，居民月收入（绝对收入）的门槛值为 7555 元。因此，在其他控制条件不变的情况下，对于我国的不同城市来讲：

（1）当居民家庭月收入低于7555元时，消费者产品质量满意度随着收入的提高而降低；

（2）当居民家庭月收入高于7555元时，消费者产品质量满意度随着收入的提高而提高。

同样地，为了验证估计结果是否对估计方法敏感，也避免由于有关数据的统计不太完善带来的不利影响，需要进行稳健性检验。本节的稳健性检验将采用改变回归的方法进行估计，即采用OProbit估计方法对表4-10的模型进行重新估计。从OProbit重新回归结果看，居民月收入（对数）的二次项影响系数始终为正、一次项影响系数始终为负（显著性也逐渐提高）。据此得出，OProbit重新回归结果也表明：居民月收入对因变量消费者产品质量满意度的影响，呈"U"形曲线。这与表4-10 OLogit的回归结果是一致的。另外，根据表6-6的模型（i-4）的OProbit回归结果，可以得出居民月收入（对数）的门槛值为8.89，居民家庭月收入（绝对收入）的门槛值为7259元。该结果与表4-10 OLogit的回归结果的居民家庭月收入（对数）的门槛值8.89、绝对收入的门槛值家庭月收入7259元是基本一致的。

综上可知，在改变回归方法之后，居民月收入对消费者产品质量满意度的影响曲线以及门槛值均基本一致，这说明模型（i-4）的结果较为稳健。

四 消费结构对消费者产品质量满意度的影响

将调查数据以及其他各相关数据代入到计量模型中，采取OLogit方法进行回归估计，利用stata12.0软件进行运算。被解释变量为消费者对自己日常所消费产品质量的评价（Y），解释变量为消费者所生活城市的城镇居民家庭消费性支出占家庭总收入比例（con_inc），控制变量包括其他城市特征变量和消费者个体特征变量。表中的模型（c-1）—（c-3）分别表示了在控制居民消费性支出占比的一次项后，加入居民消费性支出占比的二次项、个体特征变量、加入更多城市特征变量的条件下，居民消费性支出占比对消费者产品质量满意度（Y_{ij}）的影响，总体回归结果如表4-11所示。

表4-11 家庭消费结构对消费者产品质量满意度的总体回归结果

	模型（c-1）	模型（c-2）	模型（c-3）
con_inc	-0.170*	-0.179*	-0.238**
	(0.095)	(0.095)	(0.100)
location		0.0400	0.0570
		(0.045)	(0.046)
sanchan			-1.305***
			(0.168)
incomegap			-0.279***
			(0.047)
N	8775	8743	8315
个体特征	控制	控制	控制

注：(1) * p<0.1，** p<0.05，*** p<0.01；(2) 在各模型中加入消费性支出占比二次项之后，二次项对消费者产品质量满意度不显著，故本回归结果没有加入消费结构的二次项。

根据表4-11的回归结果，从模型（c-1）—（c-3）居民的消费者支出比例对消费者产品质量满意度的影响始终负向显著。据此，得到反映消费结构的消费性支出占比对消费者产品质量满意度Y的回归结果，如方程（4-8）所示：

$$Y_{ij} = -0.238 con\_inc + \eta A_j + \lambda X_{ij} + 3.49 + \zeta \qquad 方程（4-8）$$

根据回归结果方程（4-8）可知，在其他控制变量一致的条件下，随着居民消费性支出占比提高，消费者对产品质量满意度越低，两者呈现负向的线性关系。

同样地，为了验证估计结果是否对估计方法敏感，也避免由于有关数据的统计不太完善带来的不利影响，需要进行稳健性检验。本节的稳健性检验将采用改变回归的方法进行估计，即采用线性回归的估计方法对表4-11的模型进行重新估计。从线性回归的结果看，反映消费结构的消费性支出占比对Y的影响始终显著为负，影响系数为-0.17。可知在改变回归方法之后，自然环境对消费者产品质量满意度的影响方向一致但影响系数略有差异，这说明模型（c-3）的结果还是较为稳健的。

五 居民收入差距对消费者产品质量满意度的影响

除了本节重点探讨城乡居民收入差距对消费者产品质量满意度有影

响之外，还有其他城市区域因素也会影响消费者产品质量满意度。这些城市区域因素包括：社会消费零售总额（符号为：xiao）、自然环境（符号为：envi）等。社会消费零售总额指标数据来源于2013年、2014年《中国统计年鉴》以及各城市的《国民经济和社会发展统计公报》等。

将调查数据以及其他各相关数据代入计量模型中，采取OLogit方法进行回归估计，利用stata12.0软件进行运算。被解释变量为消费者对自己日常所消费产品质量的评价（Y），解释变量为城乡居民收入差距（$incomegap_j$），控制变量包括城市和个人的相关特征。

表4-12 城乡收入差距影响消费者产品质量满意度的总体回归结果

	模型（g-1）	模型（g-2）	模型（g-3）
incomegap	-1.590***	-1.222***	-1.654***
	(0.400)	(0.402)	(0.408)
gg	0.265***	0.182**	0.287***
	(0.078)	(0.079)	(0.081)
envi		0.490***	0.495***
		(0.011)	(0.011)
logxiao			0.112***
			(0.019)
N	10407	10373	10373
个体特征	控制	控制	控制

注：* $p<0.1$；** $p<0.05$；*** $p<0.01$。

表中的模型（g-1）—（g-3）分别表示在控制居民月收入的一次项 $incomegap_j$ 后，加入居民月收入的二次项（gg_j）、个体特征变量、加入更多城市特征变量的条件下，居民月收入一次项（$incomegap_j$）和二次项（gg_j）对消费者产品质量满意度（Y_{ij}）的影响，总体回归结果如表4-12所示。

根据表4-12的回归结果，从模型（g-1）—（g-3）城乡居民收入差距的一次项（$incomegap_j$）和二次项（gg_j）对消费者产品质量满意度（Y_{ij}）的影响始终显著。同时，城乡居民收入差距的二次项系数始终显著为正，一次项系数始终显著为负。可见，计量模型（g-3）

的结果是稳健的。在其他条件不变的情况下,城乡居民收入差距对产品质量满意度的一次项系数为 -1.654,二次项系数为 0.287,常数项为 6.62。据此,得到城乡居民收入差距对 Y 的回归结果,如方程(4-9)所示:

$$Y_{ij} = 6.62 - 1.654 incomegap_j + 0.287 gg_j + \eta A_j + \lambda X_{ij} + \zeta$$
方程(4-9)

由于自变量城乡居民收入差距的一次项($incomegap_j$)为负和二次项(gg_j)系数为正,因而城乡居民收入差距对因变量消费者产品质量满意度的影响,呈"U"形曲线,如图4-8所示。

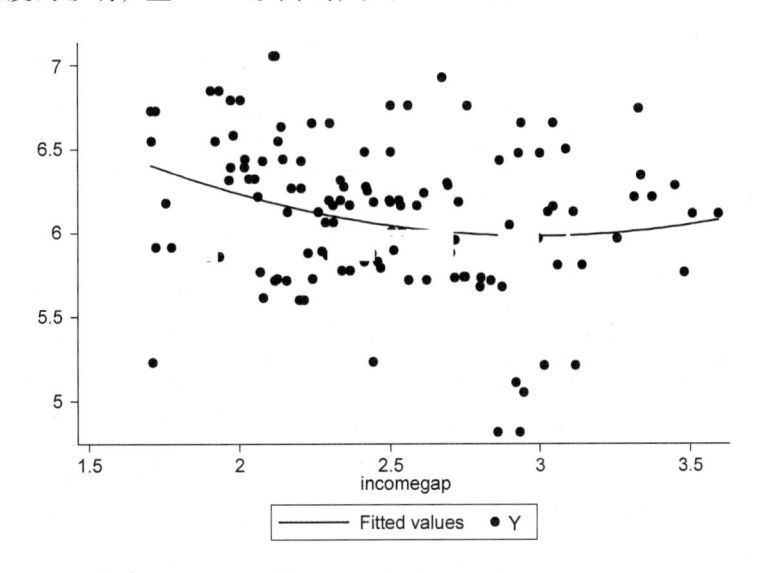

图4-8 城乡居民收入差距影响消费者产品质量满意度的二次曲线拟合

进一步分析,可得到城乡居民收入差距的门槛值为2.9,即城市居民收入是农村居民收入的2.9倍。因此,在其他控制条件不变的情况下,对于一个地区来讲:

(1)当城市居民与农村居民的收入之比低于2.9时,消费者产品质量满意度随着收入的提高而降低;

(2)当城市居民与农村居民的收入之比高于2.9时,消费者产品质量满意度随着收入的提高而提高。

同样地,为了验证估计结果是否对估计方法敏感,也避免由于有关数据的统计不太完善带来的不利影响,进一步检验本研究提出的假说,本研究需要进行稳健性检验。本节的稳健性检验将采用改变回归的方法进行估计，即采用有序 Probit 估计方法对表 4-12 的模型进行重新估计，重新回归之后的结果如表 4-13 所示。

表 4-13　城乡收入差距的稳健性检验结果（更换回归方法）

	模型（g-1）	模型（g-2）	模型（g-3）
incomegap	-0.946***	-0.699***	-0.927***
	(0.231)	(0.232)	(0.236)
gg	0.161***	0.107**	0.162***
	(0.045)	(0.046)	(0.047)
N	10407	10373	10373
区域特征	控制	控制	控制
个体特征	控制	控制	控制

注：* $p<0.1$；** $p<0.05$；*** $p<0.01$。

从表 4-13 的 OProbit 重新回归结果看，模型（g-1）—（g-3），城乡居民收入差距的二次项影响系数始终为正、一次项影响系数始终为负。据此得出，OProbit 重新回归结果也表明：城乡居民收入差距对因变量消费者产品质量满意度的影响，呈"U"形曲线。这与表 4-12 OLogit 的回归结果是一致的。另外，根据表 4-13 的模型（g-3）的 OProbit 回归结果，可以得出城乡居民收入差距的门槛值为 2.86。该结果与表 4-12 OLogit 的回归结果的城乡居民收入差距的门槛值 2.9 是基本一致的。综上可知，在改变回归方法之后，城乡居民收入差距对消费者产品质量满意度的影响曲线以及门槛值均基本一致，这说明模型（g-3）的结果较为稳健。

第六节　本章小结

从宏观的角度看，一个地区的经济发展水平越高，该区域的消费者越具有消费高质量产品的能力和偏好，企业（无论是生产企业，还是销售企业）为了获得经济利润，也会提高自己所提供商品的质量供给水平，以满足消费者的质量需求，从而提高了消费者这一微观个体对自己所生活区域的产品感知质量。也就是说，一个地区的消费者产品质量满意度，是随着该地区无数消费者的质量偏好和消费行为而发生变化的，在宏观层面就表现出与该地区的经济发展水平有一定的相关性。

本章在理论分析的基础上，构建了微观的消费者产品质量满意度（Y）与反映宏观经济发展水平的人均 GDP（pergdp）的计量模型，并进行实证检验和结果分析。数据回归结果给出了肯定的结论，数据证明：反映宏观经济发展水平的人均 GDP 对微观的消费者产品质量满意度（Y）影响显著，而且影响方向为正。这说明，一个地区的人均 GDP 越高，消费者对所消费产品质量的评价也越高。这一研究结论对现有的产品质量满意度多集中于消费者微观个体心理因素、重理论模型建构而轻实证检验的研究文献，给出了来自我国不同城市的一定的经验证据。

本章的基本结论有三点：

第一，区域经济发展水平对消费者产品质量满意度有显著的正向影响。通过逐渐加入不同的消费者个体特征变量和城市的区域特征变量，区域经济发展水平对消费者产品质量满意度均为显著的正向影响。

第二，在居民绝对收入、消费性支出占比、第三产业占比、收入差距等这些控制变量保持不变的情况下，人均 GDP 对消费者产品质量满意度（Y）的影响系数为 0.178。进一步地说，在其他条件不变的情况下，某地区的人均 GDP 每提高 1000 元，消费者产品质量满意度提高比例为 1.78%。反之，在其他条件不变的情况下，如果让消费者产品质量满意度提高 10%，那么就需要提高该地区的人均 GDP 约 5618 元。

同时，在人均 GDP 对消费者产品质量满意度有显著影响的前提下，"自然环境"对产品质量满意度的影响是正向的，"第三产业占比""居民绝对收入""城乡收入差距""消费性支出占比"这四个控制变量对产品质量满意度的影响是负向的。因而，即便一个地区的人均 GDP 提升了，但"消费者收入""城乡收入差距""第三产业占比""消费性支出占比"这四个控制变量如果发生了变动，就很有可能抵消人均 GDP 对消费者产品质量满意度的提升作用。

第三，本章还研究了经济发展水平的其他控制变量对消费者产品质量满意度的影响，实证结果表明：

（1）第三产业占比对因变量消费者产品质量满意度的影响，呈倒

"U"形曲线，门槛值为0.3。因此，在其他控制条件不变的情况下，对于一个地区来讲：当区域的第三产业占比低于0.3时，消费者产品质量满意度随着第三产业占比的提高而提高；反之亦然。其原因在于，随着第三产业占比的提高，市场化程度和服务业发展水平不断提高，市场结构更加富有竞争性，消费者从市场上获得的质量信息也更加充分，因而就会更加挑剔，对产品质量满意度可能更低。

（2）城市自然环境的改善与消费者产品质量之间呈现显著的正向线性关系。

（3）居民月收入对因变量消费者产品质量满意度的影响，呈"U"形曲线，门槛值为7555元。因此，在其他控制条件不变的情况下，对于一个地区来讲：当居民的月收入低于7555元时，消费者产品质量满意度随着收入的提高而降低；反之亦然。

（4）城市消费性支出占比与消费者产品质量之间呈现显著的负向线性关系。

（5）城乡居民收入差距对因变量消费者产品质量满意度的影响，呈"U"形曲线，曲线的拐点值为2.9。因此，在其他控制条件不变的情况下，对于一个地区来讲：当城镇居民与农村居民的收入之比低于2.9时，消费者产品质量满意度随着收入的提高而降低；反之亦然。对于消费性支出占比较高的区域，非消费类支出就相对比较低，该区域的社会福利水平相对较弱，造成的消费者畏惧消费、预期不乐观的心理状态，将对消费者产品质量的评价产生负面影响。

稳健性检验表明，将OProbit计量方法改为有序OLogit方法，以及采用工具变量法以解决人均GDP的内生性问题，虽然实证分析的结果略有差异，但都大体上支持了上述结论。

第五章　基于不同人口特征的分组分析

第一节　引言

根据第四章的总体回归结果可发现，反映经济发展水平的人均GDP对消费者产品质量满意度具有显著的正向影响，同时产业结构、自然环境等控制变量也对其具有显著性影响。那么，这一影响对不同个体特征的人群是否存在差异性？本章将就这一问题进行人群分组的实证检验。

本章主体分析部分为第二节至第六节，分别把消费者按收入水平、性别、年龄、婚姻状况和受教育程度进行分组，以此考察反映经济发展水平的人均GDP以及其他控制变量对消费者产品质量满意度的影响，在不同分组群体上的差异。本章第七节给出了本章的主要结论。

第二节　不同收入分组的实证检验

一　人群分组与回归结果

根据消费者的家庭收入水平，将全部样本划分为3组，分别是低收入组、中等收入组和高收入组。根据2013年、2014年全国城镇居民人均可支配收入的大致情况，每个家庭按3人计算，则得出家庭收入分组的依据为"低收入组"为家庭月收入 income ≤ 4000元；中等收入组为家庭月收入 income > 4000 & income ≤ 10000元；高收入组家庭月收入 income > 10000元。

调查样本经过分组之后，可以看到符合条件的样本数量为8308个（除去了数据存在缺省的样本），其中低收入组样本量为2504个，占样本总量的30.1%；中等收入组样本量为4483个，占样本总量的54%；高收入组样本量为1321个，占样本总量的15.9%。

将不同收入分组的消费者评价代入模型（4-5）中，即可得到不同收入分组消费者的产品质量满意度影响因素的差异，回归结果如表5-1所示。很明显，反映经济发展水平的人均GDP指标pergdp对消费者产品质量满意度的影响，随着收入的变化而变化：经济发展水平对家庭月收入为4000—10000元的中等收入者产品质量满意度影响显著，弹性系数为0.101；经济发展水平对低收入组（家庭月收入不高于4000元）和高收入组（家庭收入高于10000元）的产品质量满意度影响不显著。也就是说，经济发展水平对高收入者和低收入者的产品质量满意度影响较小。

表5-1 pergdp对消费者产品质量满意度的影响（按不同收入分组）

	（1）低收入	（2）中等收入	（3）高收入
logpergdp	0.0780	0.101**	0.0770
	(0.055)	(0.044)	(0.085)
marketization	-0.660***	-0.885***	-0.375
	(0.192)	(0.150)	(0.280)
con inc	-0.254**	-0.209***	-0.131
	(0.112)	(0.080)	(0.163)
envi	0.250***	0.255***	0.288***
	(0.011)	(0.009)	(0.016)
incomegap	0.0130	-0.164***	-0.208**
	(0.055)	(0.044)	(0.092)
sex	-0.070*	-0.0420	-0.0530
	(0.041)	(0.031)	(0.053)
age	0.00700	0.038**	0.069**
	(0.022)	(0.019)	(0.031)
location	-0.0140	0.130***	0.0780
	（1）低收入	（2）中等收入	（3）高收入

续表

	(0.045)	(0.038)	(0.075)
marriage	0.110**	0.0560	0.0610
	(0.050)	(0.041)	(0.065)
N	2504	4483	1321

注：* $p<0.1$；** $p<0.05$；*** $p<0.01$。

综上可知，对于家庭月收入为 4000—10000 元的消费者来说，其"人均 GDP – 产品质量满意度"的弹性系数为 0.101。也就是说，人均 GDP 每提高 1000 元，中等收入者的产品质量满意度将提高 1.01%。可以看出，中等收入者的"人均 GDP – 产品质量满意度"的弹性系数（0.101）低于总体消费者的"人均 GDP – 产品质量满意度"的弹性系数（0.178）。这就表明，如果同比例提高消费者的产品质量满意度，对中等收入者来说，需要更高程度地提高反映经济发展水平的人均 GDP。如果要提高中等收入者产品质量满意度 10%，则需要提高人均 GDP 约 9900 元（高于如果要让全国消费者产品质量满意度提高 10%，需要提高的人均 GDP 约 5618 元），计算如公式（5-1）所示：

$$pergdp = \left(\frac{1000}{1.01\%}\right) \times 10\% = 9900 \text{ 元} \qquad 公式（5-1）$$

二 不同收入人群产品质量满意度影响因素比较

根据表 5-1 的回归结果，可以得到对不同收入群体产品质量满意度（Y）影响显著的主要因素，结果如表 5-2 所示。

表 5-2 不同收入群体的消费者产品质量满意度（Y）影响因素

不同收入组	Pergdp 影响 Y 是否显著	其他显著影响 Y 的因素
低收入组	否	第三产业占比（-0.660）、消费性支出占比（-0.254）、自然环境（0.250）、婚姻状况（0.110）
中等收入组	是	第三产业占比（-0.885）、消费性支出占比（-0.209）、自然环境（0.255）、居民收入差距（-0.164）、年龄（0.038）
高收入组	否	自然环境（0.288）、居民收入差距（-0.208）、年龄（0.069）

根据表 5-2，可以得出如下结论：

1. 对于低收入组消费者来说，经济发展水平的高低对其产品质量满意度（Y）影响不显著。但服务业发展水平、居民消费性支出占比和自然环境这三大外部因素，对低收入者影响显著，而收入差距对其影响不显著。尤其居民消费性支出占比这一指标，对低收入组产品质量满意度（Y）影响程度比中等收入组要高。此外还发现，婚姻状况对低收入组影响显著，而对其他收入组影响不显著。进一步分析可知，经济发展水平的提高对于未婚的低收入者来说，其产品质量满意度要高于已婚的低收入者。

2. 对于中等收入组消费者来说，经济发展水平的高低对其产品质量满意度（Y）影响正向显著。因而，对于一个地区来讲，其经济发展水平的提高，将带来中等收入者产品质量满意度的提高。从控制变量的影响看，相较于其他收入组，中等收入者除了对人均 GDP 较为敏感外，第三产业占比对中等收入组的影响程度最大。此外，消费者所居住的区域对中等收入者影响显著，但对其他两组人群的影响均不显著。进一步分析可知，经济发展水平的提高对农村地区中等收入者产品质量满意度的正向影响，要高于对城镇地区中等收入消费者产品质量满意度的影响。

3. 对于高收入组消费者来说，经济发展水平的高低对产品质量满意度（Y）影响不显著。同时，相对于其他收入组，高收入组消费者对服务业发展水平、消费性支出占比都不敏感。但是，所生活区域的自然环境、居民收入差距对高收入组影响显著。可以看到，环境质量对高收入组影响最大，对低收入组的影响最小。此外还发现，消费者年龄的大小对高收入组产品质量满意度的影响高于中等收入组。

三 对不同收入人群产品质量满意度调查结果的解释

以上实证结果证明，反映经济发展水平的人均 GDP 对中等收入（家庭月收入为 4000—10000 元）消费者影响显著，而对低收入组和高收入组影响不显著。依据表 5-2 可推论出，出现这一现象的主要原因在于：中等收入者相比其他收入者更容易受到服务业发展水平的影响，但又对消费性支出不太敏感。

之所以有以上的推理，主要有以下理由：

首先，表5-2的数据表明，服务业发展水平对中等收入组的影响系数为0.885，明显高于对其他组的影响。经济发展水平不断提高的一个重要因素就是服务业发展水平的提高、第三产业在GDP中所占比重的提高。由于中等收入者对服务业发展有着更高的敏感度，而服务业的发展对消费者产品质量满意度有着显著影响。所以经济发展水平对中等收入者的产品质量满意度的影响更为显著。

其次，中等收入组产品质量满意度对消费性支出的敏感度（影响系数0.209）弱于低收入组（影响系数0.254）。之所以出现这一结果，主要由于中等收入者相比低收入者具有更高的绝对收入，对社保、医保的非消费性支出也相对高些，因而对消费性支出不太敏感，在消费时选择较高质量产品的概率也相对较高。随着收入的增加，消费性支出占比不再对消费者产品质量满意度产生显著影响，如高收入人群的产品质量满意度影响因素就没有"消费性支出占比"这一项，如表5-2所示。可以说，中等收入者具有相对较高的收入水平，同时也享有更好的社会保障水平，也就是说他们在一定程度上比低收入者更多地享有了区域经济发展的成果。因而，他们对日常生活中的消费性支出不像低收入者那么敏感，其消费行为和消费态度更多地受到经济发展水平的正面激励。

从本节对不同收入人群的分组分析，可得到以下的政策启示：第一，对于家庭月收入低于4000元的低收入者，应该着重优化其消费支出结构，重点提高消费者的绝对收入水平和社会保障福利水平，从而降低消费性支出占比，提高非消费性支出的比例，进而提高低收入者所消费产品质量的水平，提高他们所享有的社会福利水平。第二，重视经济发展水平对家庭月收入为4000—10000元的中等收入者产品质量满意度的正向影响。相关研究表明，我国服务业发展滞后的一个重要原因在于我国中等收入人群的规模较小，难以支撑大规模服务业消费。本研究证明中等收入居民恰恰是对经济发展水平和产品质量水平较为敏感的群体。因而经济发展水平的提升，将显著提高中等收入人群的产品质量满意度，进而有助于提高中等收入群体的消费欲望。但是需要特别注意的是，区域经济发展水平的提升所带来的服务业水平的提高，将加快产品质量信息的开放与交流，而这一点将会使得消费者"货比三家"，对高质量产品的需求也日益膨胀。第三，数量型的经济发展很难提升高收入者的产品质量满意度。对于家庭收入高于

10000元的高收入者，绝对收入水平的提高和消费结构的改善，均对其产品质量满意度的拉动不显著。根据实证结果，对于高收入人群需重点提高其所生活区域的自然环境，也就是质量型的经济发展才能显著提升他们对产品质量的满意度。

第三节　不同性别分组的实证检验

一　人群分组与回归结果

根据消费者的性别，将全部样本划分为两组，分别是男性组和女性组。调查样本经过分组之后，可以看到符合条件的样本数量为8295个（除去了数据存在缺省的样本），其中男性组样本量为4057个，占样本总量的48.9%；女性组样本量为4238个，占样本总量的51.1%。

将不同收入分组的消费者评价代入模型（4-5）中，即可得到解释变量与控制变量对不同性别消费者产品质量满意度影响因素的差异，回归结果如表5-3所示。很明显，反映经济发展水平的人均GDP指标pergdp对消费者产品质量满意度的影响，随着性别的变化而存在差异：经济发展水平对男性消费者产品质量满意度影响显著，系数为0.147，而对女性消费者影响不显著。

表5-3　pergdp对消费者产品质量满意度的影响（按不同性别分组）

	（1）男性	（2）女性
logpergdp	0.147***	0.0550
	(0.045)	(0.044)
marketization	-0.795***	-0.662***
	(0.156)	(0.151)
con inc	-0.189**	-0.255***
	(0.086)	(0.084)
envi	0.246***	0.271***
	(0.009)	(0.009)
incomegap	-0.107**	-0.096**
	(0.046)	(0.045)

续表

	（1）男性	（2）女性
location	0.0610	0.073*
	(0.039)	(0.038)
age	0.052***	0.0110
	(0.018)	(0.019)
marriage	0.070	0.0560
	(0.042)	(0.041)
eduction	-0.0130*	0.00600
	(0.011)	(0.011)
N	4057	4238

注：* $p<0.1$；** $p<0.05$；*** $p<0.01$。

根据表 5-3 的回归结果可知，在控制其他变量的前提下，人均 GDP（对数）每提高 1%，男性消费者的产品质量满意度将提高系数 0.147。也就是说，人均 GDP（绝对值）每提高 1000 元，男性消费者的产品质量满意度将提高 1.47%，而女性消费者的产品质量满意度受人均 GDP 提高的影响不显著。

二 不同性别人群产品质量满意度影响因素比较

根据表 5-3 的回归结果，除了人均 GDP 这一解释变量以外，"第三产业占比""消费性支出占比""自然环境""居民收入差距"这四个控制变量，无论是对男性消费者的产品质量满意度，还是对女性消费者的产品质量满意度，其影响均是显著的，只不过影响的程度有一定差异。不同性别消费者的产品质量满意度（Y）影响因素的差异，结果如表 5-4 所示。

表 5-4 不同性别消费者产品质量满意度（Y）影响因素的差异

性别	Pergdp 影响 Y 是否显著	男性高于女性的显著影响 Y 的因素	女性高于男性的显著影响 Y 的因素
男性	是	第三产业占比、居民收入差距、年龄、婚姻状况	消费性支出占比、自然环境、居住地
女性	否		

根据表5-4，可以得出如下男性和女性消费者产品质量满意度影响因素的差异性：

（1）相对于女性，男性消费者在评价产品质量时，除了受到人均GDP的影响外，其生活区域的第三产业占比、城乡收入差距这两项指标的影响要高于女性。也就是说，男性消费者比女性消费者更加在意服务业发展水平和居民收入差距。同时随着年龄的增长，男性消费者产品质量满意度越来越受到经济发展水平的影响。

（2）相对于男性，女性消费者的产品质量满意度不受所生活区域发展水平的影响。但是，消费性支出在总收入中的占比，以及所生活区域的自然环境对女性消费者的影响程度，要高于男性消费者。也就是说，女性消费者比男性消费者更加在意消费性支出占比和所生活区域的自然环境。同时，农村妇女比城镇妇女的产品质量满意度更低。

三 对不同性别人群产品质量满意度调查结果的解释

本研究第三章的问卷调查统计结果表明，我国男性消费者的产品质量满意度（6.15分）高于女性（6.06分）。同时，本节以上实证结果表明，反映经济发展水平的人均GDP对男性消费者的产品质量满意度影响显著，而对女性消费者的影响不显著。依据表5-3和表5-4可推论出，出现这一现象的主要原因在于：男性消费者在评价产品质量时更加理性，不太在意自然环境与产品质量之间的关系，相对更多地在意经济发展水平和收入差距。

之所以有以上的推理，主要理由如下：

第一，受教育程度和年龄对男性消费者产品质量满意度影响显著，但是对女性消费者影响不显著。也就是说，无论是处于哪个年龄段的女性消费者，也无论女性消费者的学历有多高，其他因素不变的情况下，她们对产品质量的评价无差异。相比较来说，随着年龄的增长和受教育程度的提高，男性消费者对所消费产品质量满意度水平评价更高、更理性，也更多地受到经济发展水平的影响。此项结论与本研究所开展的问卷调查统计结果是一致的，即男性消费者产品质量满意度高于女性消费者（见图3-1）。

第二，男性消费者在评价产品质量的时候，考虑更多的是区域经济发展水平（人均GDP）的提高以及居民收入差距的缩小。而女性消费者则考虑更多的是自然环境和消费支出结构的改善。目前来说，我国经济总量已得到较大程度的提高，但经济发展过程中自然环境的改善和居民消费结构的优化，还没有得到广大居民的充分认可。因而这也导致了女性消费者所感知到的产品质量水平没有男性消费者高。

据我国第三次人口普查统计，我国女性消费者数量庞大，尤其是消费活动能力较强的中青年妇女（20—50岁）约占人口总数的21%（约2.7亿人）。女性消费者也是家庭大多数购买行为的主体，对家庭的消费决策具有特别重要的影响。因而提高女性消费者对日常所消费产品质量的满意度，对于扩大内需具有特别重要的意义。从本节对不同性别人群的分组分析，可得到如下的政策启示：一是女性对质量知识的了解和利用较为薄弱。因而需加大对女性消费者的质量教育，尤其是20—50岁的女性消费者。其目的旨在让女性消费者更多地了解质量知识，使其对产品质量满意度更加理性。二是防止农村妇女对产品质量满意度进一步降低。男性消费者产品质量满意度无城乡差异，但农村女性消费者的产品质量满意度要显著低于城镇妇女。要提高农村妇女的产品质量满意度，仅仅提高绝对收入水平是不够的，需重点提高农村的生活环境、购物环境和社会保障水平。

第四节 不同年龄分组的实证检验

一 人群分组与回归结果

根据消费者的年龄，将全部样本划分为5组。第1组为18—30岁，第2组为31—40岁，第3组为41—50岁，第4组为51—60岁，第5组为61岁以上。调查样本经过分组之后，可以看到符合条件的样本数量为8304个（除去了数据存在缺省的样本），其中第1组样本量为3359个，占样本总量的40.5%；第2组样本量为1901个，占样本总量的22.9%；第3组样本量为2156个，占样本总量的26.0%；第4组样本量为612个，占样本总量的7.4%；第5组样本量为276个，占样本总量的3.3%。

将不同年龄分组的消费者评价代入模型（4-5）中，即可得到不同收入分组消费者的产品质量满意度影响因素的差异，回归结果如表5-5

所示。很明显,根据年龄分组的回归结果,发现经济发展水平对消费者产品质量满意度的影响,随着年龄的变化而变化,而且影响方向都是正向。可以看到:反映经济发展水平的人均 GDP 对 31—50 岁消费者的影响显著,其中对 31—40 岁之间的消费者影响最为显著,影响系数为 0.138;对 41—50 岁之间的消费者影响系数略有下降,影响系数为 0.106。也就是说,经济发展水平对 31 岁以下和 51 岁以上消费者的影响不显著。

表 5-5　pergdp 对消费者产品质量满意度的影响(按不同年龄分组)

	(1) 18—30 岁	(2) 31—40 岁	(3) 41—50 岁	(4) 51—60 岁	(5) 61 岁以上
logpergdp	0.0720	0.138 **	0.106 *	0.133	0.104
	(0.050)	(0.065)	(0.061)	(0.120)	(0.174)
marketization	-0.423 **	-0.629 ***	-1.086 ***	-1.367 ***	-1.188 **
	(0.173)	(0.226)	(0.214)	(0.404)	(0.564)
con_inc	-0.300 ***	-0.206 *	-0.212 *	0.0310	0.230
	(0.097)	(0.124)	(0.114)	(0.221)	(0.457)
envi	0.241 ***	0.287 ***	0.283 ***	0.230 ***	0.170 ***
	(0.010)	(0.013)	(0.013)	(0.024)	(0.037)
incomegap	-0.114 **	-0.0880	-0.0840	-0.167	-0.270
	(0.050)	(0.065)	(0.065)	(0.131)	(0.190)
sex	0.0110	-0.117 **	-0.096 **	-0.0280	-0.139
	(0.035)	(0.047)	(0.044)	(0.085)	(0.132)
location	0.101 ***	0.0490	0.0470	-0.180 *	0.139
	(0.039)	(0.061)	(0.057)	(0.103)	(0.152)
marriage	0.0450	0.0510	0.0840	-0.352	0.0240
	(0.041)	(0.073)	(0.101)	(0.242)	(0.307)
eduction	-0.029 **	-0.0240	0.0240	0.063 **	-0.0130
	(0.014)	(0.017)	(0.015)	(0.028)	(0.039)
N	3359	1901	2165	612	267

注:* $p<0.1$;** $p<0.05$;*** $p<0.01$。

根据表 5-5 的回归结果可知,人均 GDP(对数)每提高 1%,

31—40 岁消费者的产品质量满意度系数将提高 0.138，41—50 岁消费者产品质量满意度系数将提高 0.106。也就是说，人均 GDP（绝对值）每提高 1000 元，31—40 岁消费者的产品质量满意度将提高 1.38%，41—50 岁消费者产品质量满意度将提高 1.06%，而对其他年龄消费者产品质量满意度影响不显著。

二 不同年龄人群产品质量满意度影响因素比较

根据表 5-5 的回归结果，可以得到对不同年龄消费者的产品质量满意度（Y）显著影响因素的差异，结果如表 5-6 所示。

表 5-6　　不同年龄消费者的产品质量满意度（Y）影响因素

不同年龄组	Pergdp 影响 Y 是否显著	其他显著影响 Y 的因素
18—30 岁	否	第三产业占比、消费性支出占比、居民收入差距、自然环境
31—40 岁	是	第三产业占比、消费性支出占比、自然环境、性别
41—50 岁	是	第三产业占比、消费性支出占比、自然环境、性别
51—60 岁	否	第三产业占比、自然环境、居住地、教育程度
61 岁以上	否	第三产业占比、自然环境

根据表 5-6，在经济发展水平对消费者产品质量满意度影响显著的条件下，有如下的分析结论：

（1）消费者的年龄越高，第三产业占比对消费者产品质量满意度的影响程度越大，影响方向均为负向。也就是说，年龄越高的消费者，其对产品质量的评价受服务业发展水平的负向影响越大。

（2）消费者所生活地区的自然环境对各个年龄段的消费者均显著正向影响。但对 31—50 岁之间消费者的正向影响，要高于对其他年龄段的影响。

（3）对于 18—30 岁的消费者来说，虽然反映区域经济发展水平的人均 GDP 对他们的产品质量满意度影响不显著，但是其他的城市区域特征变量对其均有显著影响。此外，相对于其他年龄组的消费者来说，居民收入差距、受教育程度、居住地对 31 岁以下消费者的产品质量满

（4）31—40岁和41—50岁两组消费者的产品质量满意度，受到各控制变量影响的显著性和方向是完全一致的，影响程度的差异也并不太明显。其他影响显著的因素有：第三产业占比、消费性支出占比、自然环境和性别。可以看出，居民收入差距对这两组消费者影响不显著，而性别对其影响显著。同时，经济发展水平对31—40岁消费者产品质量满意度的影响程度，高于对41—50岁消费者的影响。

（5）51—60岁和61岁以上两组消费的产品质量满意度，受到各控制变量影响的显著性和方向基本一致。其他对这两组消费者产品质量满意度影响显著的因素有：第三产业占比、自然环境。但居住地和受教育程度这两个消费者个体特征，对51—60岁的消费者影响显著，但是对61岁以上消费者影响不显著。

三 对不同年龄人群产品质量满意度调查结果的解释

根据本研究第三章问卷调查统计结果（见图3-3），31—40岁消费者对产品质量满意度最低（6.01分），年龄较长的61岁以上消费者对产品质量满意度最高（6.40分）。依据表5-5和表5-6可推论出，出现这一现象的主要原因在于：31—40岁消费者相对于其他年龄的消费者，更加在意自然环境和收入差距，同时31—40岁的女性更加拉低了该年龄段的平均评价水平。

之所以有以上的推理，主要有以下理由：

首先，依据表5-5可知，"31—40岁"消费者产品质量满意度受"自然环境"和"收入差距"的影响程度要高于其他年龄组，加之"收入差距"因素对消费者产品质量满意度的影响方向为负向，"自然环境"对产品质量满意度影响方向为正向。因而"收入差距"明显拉低了"31—40岁"消费者的产品质量满意度。由于该年龄段消费者收入相对稳定，职业生涯和家庭产品需求均处于发展阶段，对经济社会发展问题也较为关注，因而对不同人群的收入差距较为敏感。

其次，通过对比还发现，"31—40岁"消费者产品质量满意度明显受到性别的影响，而且该年龄段的女性消费者较低的产品质量满意度拉低了总体平均评价水平。该年龄段的女性消费者除了处于职业和家庭需求的发展阶段外，大部分都已成为母亲，对产品质量的需求和重视（尤其是儿童用品）日益敏感，因而对产品质量较高的期望拉低了她们对产品质量的满意度。

最后，之所以61岁以上消费者的产品质量满意度水平较高，主要是由于该年龄段消费者相比其他组，仅受"第三产业占比"和"自然环境"两大因素的负向影响，同时该两大因素对61岁以上消费者的影响系数均低于其他组。

从本节对不同年龄人群的分组分析，可得到如下的政策启示：第一，经济发展水平的提高有利于主要消费人群（31—50岁）对产品质量满意度的提升。相对其他年龄段消费者来说，31—50岁消费者的消费能力与消费欲望较强，可以说是最具有购买力的消费群体。由于他们对产品质量水平的高低较为显著地受到经济发展水平的影响，因而提高区域经济发展水平是刺激他们消费欲望的重要条件。第二，31—40岁女性消费者的产品质量满意度水平亟待提高。已有研究证明，31—40岁的城市女性是最具购买力的消费者，但本研究发现恰恰这个年龄段的女性消费者对产品质量满意度最低。从这个年龄段消费者产品质量满意度影响因素来分析，需要重点提高31—40岁年龄段消费者的收入水平，并适当降低收入差距。

第五节　不同婚姻状况分组的实证检验

一　人群分组与回归结果

根据消费者的婚姻状况，将全部样本划分为两组，分别是已婚组和未婚组。调查样本经过分组之后，可以看到符合条件的样本数量为8101个（除去了数据存在缺省的样本），其中已婚组样本量为5421个，占样本总量的66.9%；未婚组样本量为2680个，占样本总量的33.1%。

将不同收入分组的消费者评价代入模型（4-5）中，即可得到不同婚姻状况消费者的产品质量满意度影响因素的差异，回归结果如表5-7所示。很明显，经济发展水平对消费者产品质量满意度的影响，对已婚消费者影响显著，但对于未婚消费者影响不显著。

表5-7　pergdp对消费者产品质量满意度的影响（按不同婚姻状况分组）

	（1）已婚	（2）未婚
logpergdp	0.119***	0.0460
	(0.039)	(0.053)
marketization	-0.874***	-0.379**
	(0.133)	(0.187)
con_inc	-0.186**	-0.299***
	(0.073)	(0.107)
envi	0.267***	0.248***
	(0.008)	(0.011)
incomegap	-0.093**	-0.136**
	(0.040)	(0.054)
sex	-0.067**	-0.0190
	(0.028)	(0.038)
location	0.0420	0.095**
	(0.035)	(0.042)
age	0.025*	-0.00300
	(0.015)	(0.036)
education	0.00700	-0.031**
	(0.010)	(0.015)
N	5421	2860

注：* $p<0.1$；** $p<0.05$；*** $p<0.01$。

综上可知，对于已婚家庭的消费者来说，其"人均GDP-产品质量满意度"的弹性系数为0.119。也就是说，人均GDP每提高1000元，中等收入者的产品质量满意度将提高1.19%。可以看出，已婚家庭消费者的"人均GDP-产品质量满意度"的弹性系数（0.119）低于总体消费者的"人均GDP-产品质量满意度"的弹性系数（0.178）。这就表明，如果同比例提高消费者的产品质量满意度，对已婚消费者来说，需要更高程度地提高反映经济发展水平的人均GDP。如果要提高已婚家庭消费者产品质量满意度10%，则需要提高人均GDP约8403元（高于如果要让全国消费者产品质量满意度提高10%，需要提高的人均GDP约5618元），如计算公式（5-2）所示。

$$pergdp = \left(\frac{1000}{1.19\%}\right) \times 10\% = 8403 \text{ 元} \qquad 公式（5-2）$$

二 不同婚姻状况人群产品质量满意度影响因素比较

根据表 5-7 的回归结果，可以得到对不同婚姻状况消费者的产品质量满意度（Y）影响因素的差异，结果如表 5-8 所示。

表 5-8　不同婚姻状况消费者产品质量满意度（Y）影响因素的差异

婚姻状况	Pergdp 影响 Y 是否显著	其他显著影响 Y 的因素
已婚	是	第三产业占比、消费性支出占比、居民收入差距、自然环境、性别、年龄
未婚	否	第三产业占比、消费性支出占比、居民收入差距、居住地、受教育程度

根据表 5-8，在经济发展水平对消费者产品质量满意度影响显著的条件下，有如下的分析结论：

（1）反映经济发展水平的人均 GDP 对已婚消费者影响显著，对未婚消费者影响不显著。同时，第三产业占比、消费性支出占比、居民收入差距、自然环境这四个控制变量对已婚和未婚消费者的影响均显著。

（2）已婚者高于未婚者的显著影响 Y 的因素主要包括：第三产业占比和自然环境。也就是说，已婚者对产品质量的满意度，更容易受到服务发展水平和自然环境的影响。此外，已婚者对产品质量的满意度，还受性别和年龄的影响。

（3）未婚者高于已婚者的显著影响 Y 的因素主要包括：消费性支出占比和居民收入差距。也就是说，未婚者对产品质量的满意度，更容易受到消费性支出占比和收入差距的影响。此外，未婚者对产品质量的满意度，还受居住地和受教育程度的影响。进一步分析看，学历越高的未婚消费者，对产品质量满意度越高。

三 对不同婚姻状况人群产品质量满意度调查结果的解释

根据第三章问卷调查统计结果（见图 3-2），已婚家庭的消费者对产品质量满意度低于未婚消费者。依据表 5-7 和表 5-8 可推论出，造成这一现象的原因在于：家庭人口的增加对已婚消费者产品质量满意度的影响不显著，但性别（女性）、服务业发展水平对已婚家庭的负向影响高于对未婚消费者的影响。

首先，将"家庭人口"这一变量（来自于本研究所开展的问卷调查）加入计量模型中，发现：人均 GDP 对已婚消费者的产品质量满意度仍然显著，并且家庭人口对 Y 的影响不显著；但是，人均 GDP 对未婚消费者产品质量满意度就不显著了，并且家庭人口对 Y 的影响显著。因而，对于已婚消费者来说，家庭人口的增加未对产品质量的评价产生影响。从表 5-7 也可看出，已婚消费者对家庭消费性支出的敏感程度弱于未婚消费者。

其次，与前面性别分组中的"31—40 岁"年龄组的结果一致的是，女性且已婚消费者对产品质量满意度拉低了已婚人群产品质量满意度评价水平。具体的原因在此就不再重复说明。

最后，相比未婚组消费者而言，已婚组消费者受服务业发展水平的负向拉动作用更强。前文第四章的研究结论证明，服务业的发展带来质量信息流动加快，使得消费者对所消费产品进行比较的空间余地更大，对产品质量也更加挑剔。由于服务业发展水平对已婚组的影响系数高于对未婚组的影响系数，因而对于同一地区的消费者来讲，已婚组消费者的产品质量满意度比未婚者更低些。

从本节对不同婚姻状况人群的分组分析，可得到以下两点政策启示：第一，对于已婚家庭而言，家庭人口的增加并没有对他们的产品质量满意度造成影响，但是他们将更加在意市场上不同产品质量水平的对比，以及所生活区域自然环境的改善；第二，未婚消费者对产品质量的评价受到消费支出的影响。由于未婚消费的支出中一般还未包括住房等家庭性消费，消费性支出占比相对较高，而这些消费结构对其产品质量满意度产生了较大程度的负面影响。所以，住房、医疗等保障性项目的支出，不仅没有降低反而可以提高未婚消费者的产品质量满意度水平。

第六节 不同学历分组的实证检验

一 人群分组与回归结果

根据消费者的受教育程度，将全部样本划分为 6 组。第 1 组为研究生以上，第 2 组为大学，第 3 组为大专，第 4 组为中专、中技、职高，第 5 组为高中，第 6 组为初中以下。调查样本经过分组之后，可以看到符合条件的样本数量为 8304 个（除去了数据存在缺省的样本），其中第 1 组样本量为 509 个，占样本总量的 6.1%；第 2 组样本量为 3209 个，占样本总量的 38.6%；第 3 组样本量为 1662 个，占样本总量的 20%；第 4 组样本量为 842 个，占样本总量的 10.1%；第 5 组样本量为 963 个，占样本总量的 11.6%；第 6 组样本量为 1119 个，占样本总量的 13.5%。

将不同学历分组的消费者评价代入模型（4-5）中，即可得到不同学历分组消费者的产品质量满意度影响因素的差异，回归结果如表 5-9 所示。很明显，反映经济发展水平的人均 GDP 对消费者产品质量满意度的影响，对大专和中专高职这两组消费者影响显著，而且影响方向均为正。

表 5-9 pergdp 对消费者产品质量满意度的影响（按不同学历分组）

	（1）研究生以上	（2）大学	（3）大专	（4）中专职高	（5）高中	（6）初中及以下
logpergdp	0.0490	0.0510	0.218***	0.176*	0.0980	-0.0190
	(0.150)	(0.050)	(0.071)	(0.101)	(0.097)	(0.081)
marketization	-0.366	-0.469***	-0.883***	-1.204***	-1.038***	-0.763**
	(0.475)	(0.175)	(0.240)	(0.328)	(0.323)	(0.312)
con_inc	-0.329	-0.300***	-0.184	-0.114	-0.106	-0.191
	(0.235)	(0.100)	(0.123)	(0.194)	(0.184)	(0.174)
envi	0.254***	0.287***	0.243***	0.297***	0.236***	0.210***
	(0.025)	(0.010)	(0.014)	(0.021)	(0.018)	(0.017)
incomegap	-0.193	-0.093*	-0.00100	-0.147	-0.196**	-0.165*
	(0.134)	(0.053)	(0.070)	(0.104)	(0.097)	(0.086)
sex	-0.152	-0.0430	-0.0440	-0.187***	0.0140	-0.0160
	(0.093)	(0.036)	(0.050)	(0.072)	(0.067)	(0.062)
age	-0.0430	0.0330	-0.0280	0.0560	0.089**	0.0420
	(0.068)	(0.025)	(0.029)	(0.038)	(0.037)	(0.028)
marriage	0.108	0.0650	-0.0130	0.237**	0.0290	-0.0510
	(0.114)	(0.047)	(0.064)	(0.097)	(0.093)	(0.100)

续表

	(1) 研究生以上	(2) 大学	(3) 大专	(4) 中专职高	(5) 高中	(6) 初中及以下
location	-0.229	0.101**	0.0270	0.0980	0.111	-0.0310
	(0.168)	(0.048)	(0.062)	(0.079)	(0.069)	(0.064)
N	509	3209	1662	842	963	1122

注：* $p<0.1$；** $p<0.05$；*** $p<0.01$。

二 不同学历人群产品质量满意度影响因素比较

根据表 5-9 的回归结果，可以得到对不同学历消费者的产品质量满意度（Y）显著影响因素的差异，结果如表 5-10 所示。

表 5-10　不同学历的消费者产品质量满意度（Y）影响因素差异

不同学历	pergdp 影响 Y 是否显著	其他显著影响 Y 的因素
研究生以上	否	自然环境
大学	否	第三产业占比、消费性支出占比、居民收入差距、自然环境
大专	是	第三产业占比、自然环境
中专职高	是	第三产业占比、自然环境
高中	否	第三产业占比、居民收入差距、自然环境、年龄
初中及以下	否	第三产业占比、居民收入差距、自然环境

根据表 5-10，在经济发展水平对消费者产品质量满意度影响显著的条件下，有如下的分析结论：

（1）对于研究生以上学历消费者来说，反映经济发展水平的人均 GDP 对其产品质量满意度（Y）影响不显著。但研究生以上学历消费者的产品质量满意度，显著受到所在地区自然环境的影响，其他控制变量对其影响均不显著。

（2）对于大学学历消费者来说，反映经济发展水平的人均 GDP 对其产品质量满意度（Y）影响不显著。但大学学历消费者的产品质量满意度，受到第三产业占比、消费性支出占比、居民收入差距和自然环境的显著影响。同时，受消费性支出占比和自然环境影响的程度，也要高于其他学历的消费者。

（3）对于大专和中专高职学历消费者来说，反映经济发展水平的人均GDP对其产品质量满意度的影响显著。同时，这两组消费者受城市控制变量影响的显著性和方向是完全一致的，影响程度的差异也并不太明显。

（4）对于高中以下学历消费者来说，反映经济发展水平的人均GDP对其消费者产品质量满意度影响不显著。但其产品质量满意度主要受到第三产业占比、居民收入差距、自然环境的显著影响。

三　对不同学历人群产品质量满意度调查结果的解释

根据第三章问卷调查统计结果（见图3-4），文化程度最高（研究生以上）的消费者和文化程度最低（初中及以下）的消费者，其产品质量满意度最高；大专文化程度的消费者产品质量满意度最低。依据表5-9和表5-10可推论出，造成这一现象的原因在于：其他学历的消费者都不同程度地受产业结构、消费结构和收入分配的负向影响，但是研究生及以上学历消费者产品质量满意度仅受所生活区域自然环境的影响。

从这一结果看出，高学历消费者（研究生及以上）与高收入人群产品质量满意度所受影响因素具有类似性，影响他们对产品质量满意度的核心因素为生态自然环境，而非其他经济性因素。这是由于学历较高的消费者，一般具有较高的收入水平和富有保障性的家庭消费结构。而其他学历的消费者，由于不具备较高的收入水平，家庭的消费性支出占比偏高，加之这些经济性因素对产品质量满意度具有负向影响，因而就造成其他学历消费者对产品质量满意度相对较低，研究生及以上高学历消费者的产品质量满意度较高。

从本节对不同学历人群的分组分析，可得到以下几点政策启示：第一，经济发展水平对中间学历（中专—大专）消费者产品质量满意度影响显著，但是对两头学历（"大学及以上"和"中专及以下"）消费者的产量质量评价影响不显著。第二，学历越高，消费者的产品质量满意度越容易受到自然环境的影响。高学历消费者的产品质量满意度偏高的原因在于，他们一般能够拥有较高的收入和社会保障水平，因而收入水平的提高对其影响不显著。第三，学历越低的消费者，由于他们的收入水平相对较低，因而其产品质量满意度越容易受到居民收入差距的影响。

第七节 本章小结

第四章的总体实证检验结果证明，反映经济发展水平的人均GDP对消费者产品质量满意度的影响正向显著。本章主要验证了这一影响在不同分组人群中的异质效应。本章的基本结论就是：对于不同个体特征消费者来说，在其他条件一致的情况下，反映经济发展水平的人均GDP对消费者产品质量满意度的影响具有异质性。

第一，对于不同收入消费者来说，人均GDP对中等收入消费者产品质量满意度的影响正向显著，对低收入组和高收入组的影响不显著。居民消费性支出占比这一指标，对低收入组产品质量满意度（Y）影响程度比中等收入组要高。婚姻状况对低收入组影响显著，而对其他收入组影响不显著。经济发展水平的提高对农村地区中等收入者产品质量满意度的正向影响，要高于城镇地区中等收入消费者产品质量满意度的影响。高收入组消费者对服务业发展水平、消费性支出占比都不敏感，但其所生活区域的自然环境、居民收入差距对高收入者影响显著。

第二，人均GDP对男性消费者产品质量满意度的影响正向显著，但对女性消费者影响不显著。相对于男性，女性消费者的产品质量满意度不受所生活区域发展水平的影响。但是，消费性支出在总收入中的占比，以及所生活区域的自然环境对女性消费者的影响程度，要高于男性消费者。也就是说，女性消费者比男性消费者更加在意消费性支出占比和所生活区域的自然环境。

第三，对于不同年龄的消费者来说，人均GDP对31—40岁、41—50岁消费者的产品质量满意度影响显著，对其他年龄段消费者影响不显著。消费者的年龄越高，第三产业占比对消费者产品质量满意度的影响程度越大，影响方向均为负向。也就是说，年龄越高的消费者，其对产品质量的评价受服务业发展水平的负向影响越大。此外，消费者所生活地区的自然环境对各个年龄段的消费者均影响正向显著，并且对

31—50岁之间消费者的正向影响,要略高于其他年龄段。

第四,人均GDP对消费者产品质量满意度的影响,对已婚消费者群体影响显著,但对于未婚消费者影响不显著。未婚者对产品质量的评价,更容易受到消费性支出占比和收入差距的影响。

第五,人均GDP对消费者产品质量满意度影响,对大专和中专高职这两组消费者影响显著且影响方向均为正,对其他学历消费者影响不显著。研究生以上学历消费者的产品质量满意度,显著受到所在地区自然环境的影响,其他控制变量对其影响均不显著。大学学历消费者的产品质量满意度,显著受到第三产业占比、消费性支出占比、居民收入差距和自然环境的显著影响。高中以下学历消费者的产品质量满意度,受人均GDP的影响不显著,但受第三产业占比、居民收入差距、自然环境的影响显著。

第六章 基于不同区域的分组分析

第一节 引言

根据第四章的总体回归结果可知，经济发展水平影响产品质量满意度有显著的正向影响。那么，这一影响对我国生活在不同地区的消费者是否存在差异性？本章将就这一问题进行不同区域的实证检验。

城乡二元性是我国经济社会的一个重要区域特征，因而本章第二节将把消费者按城乡地区进行分组，以观察经济发展水平对消费者产品质量满意度的影响在城乡分组上的差异。另外，由于我国经济发展的区域特征还明显表现为东中西部的差异，因而本章第三节还将消费者按东中西部进行分组，以观察经济发展水平对产品质量满意度的影响在东中西部的差异。

第二节 城乡居民分组的实证检验

一 城乡分组与总体回归结果

城镇居民和农村居民的产品质量满意度，受经济发展水平的影响是否存在差异？通常认为，城镇居民应该比农村居民更加容易受到经济发展水平的影响。本节将把调查样本按城乡区域进行分组检验，共分为两组：第1组为居住地在城镇的消费者（简称"城镇居民"），第2组为居住地在农村的消费者（简称"乡村居民"或"农村居民"）。

调查样本经过分组之后，可以看到符合条件的样本数量为4361个（除去了数据存在缺省的样本），其中城镇组样本量为3186个，占样本总量的73%；乡村（农村）组样本量为1175个，占样本总量的27%。

将城乡分组的消费者评价代入模型（4-5）中，即可得到城乡分组消费者的产品质量满意度影响因素的差异，回归结果如表6-1所示。可以看出，反映经济发展水平的人均GDP对消费者产品质量满意度的影响，对城镇居民影响显著为正，但对农村居民影响不显著。该结果说明两个问题：其一，经济发展水平对消费者产品质量满意度的影响，对城镇居民和农村居民具有不同效应；其二，实证与通常判断一致，城镇居民相比农村居民更加显著地受到区域经济发展水平的影响。

表6-1　pergdp对消费者产品质量满意度的影响（按城乡分组）

	城镇（1）	农村（2）
logpergdp	0.203**	0.112
	(0.085)	(0.129)
loginc	-0.056**	0.149**
	(0.022)	(0.071)
marketization	-1.140***	-1.056**
	(0.280)	(0.469)
con_inc	-0.185	-0.299*
	(0.119)	(0.172)
envi	0.352***	0.350***
	(0.015)	(0.023)
incomegap	-0.0780	-0.294**
	(0.080)	(0.124)
cons	3.156***	3.062*
	(1.063)	(1.635)
N	3186	1175
个体变量	控制	控制

注：* $p<0.1$；** $p<0.05$；*** $p<0.01$。

根据表6-1的回归结果，可以得到城镇居民产品质量满意度 Y_{city}

和农村居民产品质量满意度 Y_{coun} 的回归方程：

$$Y_{city} = 0.203\log pergdp - 0.056\log inc - 1.14 marketization + 0.352 envi + \theta X_i + 3.156 + \xi \qquad 公式（6-1）$$

$$Y_{coun} = 0.149\log inc - 1.056 marketization - 0.299 con\_inc + 0.35 envi - 0.294 Incomegap + \theta X_i + 3.062 + \xi \qquad 公式（6-2）$$

根据公式（6-1），对于城镇居民来说，人均 GDP 对消费者产品质量满意度的影响系数为 0.203。因而，在其他条件不变的情况下，如果人均 GDP 每提高 1000 元，则我国城镇居民产品质量满意度将提高 2.03%。可以看出，城镇居民的"人均 GDP—产品质量满意度"变化系数（0.203）高于总体消费者的"人均 GDP—产品质量满意度"的影响系数（0.178）。这就表明如果同比例提高消费者的产品质量满意度，对城镇居民来说，需要相对较低程度地提高人均 GDP 水平。如果使城镇居民产品质量满意度提高 10%，则需提高该区域人均 GDP 约 4926 元（低于如果要让全国消费者产品质量满意度提高 10%，需要提高的人均 GDP 约 5618 元），如计算公式（6-3）所示：

$$pergdp = \left(\frac{1000}{2.03\%}\right) \times 10\% = 4926\ 元 \qquad 公式（6-3）$$

目前我国城乡发展差距日趋扩大，是当前我国经济生活中存在的突出矛盾之一。通过以上研究可以得出，我国城乡差距的表现是多方面的，不仅有收入水平、社会保障之间的差距，其所消费产品质量也存在明显的差异。城乡区域居民所消费产品的质量差异，主要表现在两个方面：一是我国农村居民对产品质量的评价比城镇居民要低；二是反映经济发展水平的人均 GDP 对城镇居民产品质量满意度的影响显著，但对农村居民影响不显著。进一步讲，人均 GDP 的提高将显著提高城镇居民的产品质量满意度，两者之间呈正向变动关系，但是人均 GDP 的提高对农村居民产品质量满意度的影响不显著。

二 城乡居民产品质量满意度影响因素的差异比较

进一步对回归结果［如公式（6-1）和公式（6-2）］进行对比分析，城镇居民和农村居民产品质量满意度影响因素的差异，如表 6-2 所示。

表6-2　　不同区域的消费者产品质量满意度（Y）影响因素

不同区域	pergdp 影响 Y 是否显著	其他显著影响 Y 的因素
城镇	是（0.152）	居民绝对收入（-0.056）、第三产业占比（-1.14）、自然环境（0.352）
农村	否	居民绝对收入（0.149）、第三产业占比（-1.056）、消费性支出占比（-0.299）、自然环境（0.350）、城乡收入差距（-0.294）

（1）相对于农村居民，影响城镇居民产品质量满意度的影响因素，多了一个反映经济发展水平的"人均GDP"。但是相对于城镇居民，影响农村居民产品质量满意度的影响因素，多了一个反映收入分配的"城乡收入差距"。也就是说，人均GDP对城镇居民产品质量满意度的影响显著为正（0.152），城乡居民收入差距对农村居民影响显著为负。因而，城乡居民收入差距的扩大，将显著降低农村居民的产品质量满意度（-0.294）。

（2）居民绝对收入对城镇居民产品质量满意度显著为负（-0.056），但对农村居民影响显著为正（0.149）。也就是说，居民收入水平的提高，可以显著提高农村居民的产品质量满意度，却显著降低城镇居民的产品质量满意度。

（3）第三产业占比这一指标对城乡居民的产品质量满意度均显著为负（-1.14和-1.056），且城镇居民所受影响程度（-1.14）高于农村居民（-1.056）。也就是说，在其他条件不变的情况下，随着一个地区服务业水平的提升，市场开放度不断提高，该地区城镇居民对产品质量的挑剔程度要高于农村居民。

（4）消费性支出占比这一指标对农村居民产品质量满意度的影响均显著为负（-0.299），但对城镇居民的产品质量满意度影响不显著。因而，农村居民比城镇居民更加敏感地受到消费性支出占比的影响。对于农村居民来说，用于消费性支出的比例越大，用于非消费性支出的比例就越小，其对产品质量满意度也就越低。

（5）自然环境对城镇居民和农村居民的影响均显著为正，且影响程度几乎相等（0.352和0.350）。也就是说，一个地区自然环境的提高，将同时显著拉动城乡居民产品质量满意度的提高。

三 对城镇居民产品质量满意度高于农村居民的实证解释

根据本研究第三章问卷调查统计结果（见图3-5），农村居民产品质量满意度低于城镇居民。根据以上数据分析可推论出，对于相同城市的城镇和农村来说，人均GDP的提高可以提升城镇居民的产品质量满意度，而居民收入差距、消费性支出占比则在一定程度上降低了农村居民的产品质量满意度。

本节之所以有以上的结论，主要是基于以下的原因：

首先，消费者所在区域人均GDP水平对城镇居民具有正向影响，但是对农村居民无影响。这就会造成在一个城市区域内，在其他条件一致的情况下，由于城镇居民能够受到经济发展水平的正向影响，因而他们对产品质量的评价要高于该城市的农村居民。

其次，产业结构和自然环境这两项对城镇和农村居民产品质量满意度的影响程度相差不大，但消费性支出占比这一因素对农村居民具有负向影响（-0.299），对城镇居民无影响。加之，城乡收入差距也对农村居民产品质量满意度具有显著的负向拉动作用（对城镇居民则无影响）。

以上两方面的因素就造成农村居民本来就相对较低的产品质量满意度，又显著受到家庭消费性支出占比和城乡收入差距这两项因素的负向拉动，而其他影响因素对城乡居民的影响相差不大。由于人均GDP、城乡收入差距和消费结构这三项因素的作用，就导致农村居民的产品质量满意度低于城镇居民的评价。

第三节 东中西部分组的实证检验

一 东中西部区域分组与总体回归结果

对我国来说，地区经济差异性还表现在东中西部存在明显的阶梯特征。那么，对于东中西部的居民来说，经济发展水平对产品质量满意度的影响是否具有阶梯性差异？本节将依据实证数据，对此问题进行检验。

将调查样本按惯例原则，分为东、中、西部三组。其中第一组为西部地区，包括：四川、贵州、云南、西藏、陕西、甘肃、青海、宁夏、新疆等9个省（区）；第二组为中部地区，包括山西、内蒙古、吉林、黑龙江、安徽、江西、河南、湖北、湖南、广西等10个省（区）；第三组为东部地区，包括北京、天津、河北、辽宁、上海、江苏、浙江、福建、山东、广东和海南等11个省（市）。调查样本经过分组之后，可看到符合条件的样本数量为8308个（除去了数据存在缺省的样本），其中西部组样本量为2389个，占样本总量的28.7%；中部组样本量为2565个，占样本总量的30.9%；东部组样本量为3354个，占样本总量的40.4%。将东中西部分组的消费者评价带入模型（4-5）中，即可得到按东、中、西部分组消费者的产品质量满意度影响因素的差异，回归结果如表6-3所示。

表6-3　pergdp对消费者产品质量满意度的影响（按东中西部分组）

	西部（1）	中部（2）	东部（3）
logpergdp	-0.315***	0.146	0.312***
	(0.088)	(0.094)	(0.080)
loginc	0.0290	0.136***	0.0420
	(0.053)	(0.048)	(0.041)
marketization	-0.316	-1.241***	-1.969***
	(0.394)	(0.314)	(0.246)
con_inc	0.262	-0.386**	-0.341***
	(0.248)	(0.153)	(0.130)
envi	0.398***	0.402***	0.364***
	(0.017)	(0.016)	(0.014)
incomegap	-0.282***	-0.263***	0.269***
	(0.084)	(0.093)	(0.095)
sex	0.0180	-0.0710	-0.139***
	(0.065)	(0.059)	(0.051)
age	0.0320	0.0380	0.063**
	(0.038)	(0.035)	(0.030)
marriage	0.0470	0.0680	0.149**
	(0.086)	(0.079)	(0.061)

续表

	西部（1）	中部（2）	东部（3）
location	0.296***	0.113	0.0170
	(0.078)	(0.072)	(0.062)
cons	7.396***	2.997**	0.936
	(1.100)	(1.190)	(0.989)
N	2389	2565	3354

注：* $p<0.1$；** $p<0.05$；*** $p<0.01$。

根据表6-3的回归结果，可以得到我国东部、中部和西部地区消费者产品质量满意度 Y_{east}、Y_{mid} 和 Y_{west} 的回归方程，如公式（6-4）至公式（6-6）所示。

$$Y_{east} = 0.312 \log pergdp - 1.969 marketization - 0.341 con\_inc + 0.364 envi + 0.269 incomegap + \theta X_i + \xi \quad 公式（6-4）$$

$$Y_{mid} = 0.136 \log inc - 1.241 marketization - 0.386 con\_inc + 0.402 envi - 0.263 incomegap + \theta X_i + 2.997 + \xi \quad 公式（6-5）$$

$$Y_{west} = -0.315 \log pergdp + 0.398 envi - 0.282 incomegap + \theta X_i + 7.396 + \xi \quad 公式（6-6）$$

根据以上回归结果可得出，在其他条件不变的情况下，反映经济发展水平的人均GDP对消费者产品质量满意度的影响，在东中西部区域存在区域差异性。这一差异表现在两个方面，一是"显著性的区域差异"；二是"影响方向的区域差异"。"显著性的区域差异"是指人均GDP对东部和西部居民的产品质量满意度影响显著，但是对中部居民影响不显著。"影响方向的区域差异"是指人均GDP对东部居民消费者产品质量满意度的影响方向为正，但是对西部居民产品质量满意度的影响方向为负。也就是说，在其他条件不变的情况下，我国东部地区的消费者产品质量满意度随着人均GDP的提升显著提高，西部地区的消费者产品质量满意度随着该地区人均GDP的提高而显著降低，但是中部地区的消费者产品质量满意度则与人均GDP的关系不明显。

数据结果还表明，我国东部地区"人均GDP—消费者产品质量满意度"的影响系数为0.312，高于全国"人均GDP—消费者产品质量满意度"的影响系数0.178。因而，人均GDP对于东部居民的产品质量满意度的拉动要高于全国的平均水平。但对于西部地区来讲,"人均GDP—消费者产品质量满意度"的影响系数为-0.315,也就是说在我国的西部地区,在其他条件不变的条件下,人均GDP的提升对消费者产品质量满意度的影响是"不升反降":人均GDP(对数)每提高1%,西部地区消费者产品质量满意度系数将下降0.315,即人均GDP每提高1000元,西部地区消费者产品质量满意度将下降3.15%。这一结果表明西部居民对经济发展的感知相对来说还不够,人均GDP绝对数量的增长并没有让西部消费者感受到经济发展水平的提高。关于人均GDP对消费者产品质量满意度的影响机制,本研究在第七章进行了实证分析。

二 东中西部居民产品质量满意度影响因素的差异比较

根据表6-3和公式(6-4)至公式(6-6)的回归结果,可以得到对我国东中西部不同地区的消费者产品质量满意度(Y)影响因素的差异,结果如表6-4所示。

表6-4　东中西部的消费者产品质量满意度(Y)影响因素差异

不同区域	pergdp影响Y是否显著	其他显著影响Y的因素
西部	是	自然环境(0.398)、居民收入差距(-0.282)、居住地
中部	否	自然环境(0.402)、第三产业占比、居民绝对收入(0.136)、消费性支出占比(-0.341)、居民收入差距(-0.263)
东部	是	自然环境(0.364)、第三产业占比、消费性支出占比(-0.386)、居民收入差距(0.269)、性别、年龄、婚姻状况

根据表6-4,关于东中西部居民的产品质量满意度影响因素差异,可发现如下几方面的特点:

(1)反映经济发展水平的人均GDP对西部和东部地区的消费者产品质量满意度影响显著(在1%水平上显著),但是对中部地区的消费者影响不显著。居民绝对收入水平对中部地区的消费者影响显著(在

1%水平上显著），但是对东部和西部地区的消费者影响不显著。

（2）影响东中西部居民产品质量满意度的共同因素有：自然环境和居民收入差距。首先，自然环境对东中西部居民产品质量满意度的影响方向均为正，同时对中部地区消费者的影响系数最大（0.402），其次是西部地区（0.398），最后是东部地区（0.364）。也就是说，自然环境的提高都将提高东中西部居民的产品质量满意度，其中对中部地区居民的拉动大于对西部地区居民的拉动，对西部地区居民的拉动大于对东部地区居民的拉动。其次，居民收入差距对西部和中部地区居民产品质量满意度的影响方向为负（-0.282和-0.263），但对东部地区居民的影响方向为正（0.269）。因而，居民收入差距的扩大不利于中部和西部地区居民产品质量满意度的提高，但是却有利于东部地区居民产品质量满意度的提高。

（3）对于西部地区居民来讲，除了人均GDP和自然环境，对消费者产品质量满意度影响显著的区域因素仅有居民收入差距（影响系数为-0.282），而其他的区域变量（居民绝对收入、第三产业占比、消费性支出占比等）对消费者产品质量满意度均不显著。居民收入差距对西部地区居民产品质量满意度的影响为负向（-0.282）。也就是说，在其他条件不变的情况下，居民收入差距越大，西部地区居民对产品质量的评价越低。此外，居住地这一个体特征变量对西部地区居民产品质量满意度影响也显著。

（4）对于中部地区居民来说，虽然人均GDP对其产品质量满意度影响不显著，但是居民绝对收入、第三产业占比、消费性支出占比、自然环境、居民收入差距这些区域变量对其产品质量满意度影响均显著。值得提出的是，对比西部和东部地区，居民收入水平仅对中部地区消费者具有显著影响，而且影响方向为正（0.136）。也就是说，居民绝对收入的提高将会显著提升中部地区居民的产品质量满意度，但对西部和东部地区居民产品质量满意度的影响不显著。

（5）对于东部地区居民来说，除了人均GDP，第三产业占比、消费性支出占比、自然环境、居民收入差距均对其产品质量满意度影响显著。特别需要指出的是，第三产业占比对东部地区居民产品质量满意度的负向影响要大于其他区域。另外，居民收入差距对东部地区居民的影响显著为正（0.269），与对其他区域居民的影响方向相反。也就是说，在其他条件一致的情况下,对于其他区域来说,居民收入差距越大,消费者产品质量满意度就越低。但是对于东部地区居民来说,居民收入差距越大,消费者对产品质量满意度反而越高。最后,性别、年龄和婚姻状况这些消费者个体特征对东部地区居民产品质量满意度有显著影响,但却对其他区域居民的产品质量和评价(Y)影响不显著。

三 东中西部城乡居民的交叉分析

为了能够更好地分析我国东中西部区域居民产品质量满意度,本节将分别对东中西部的城乡居民产品质量满意度影响因素的差异进行分析。在东中西部区域分组的前提下,再进行城乡分组,将分组人群的数据带入统一的计量模型[模型(4-5)],得到如下回归结果,如表6-5所示。

表6-5 不同区域城乡居民产品质量满意度(Y)影响因素回归结果

	西部		中部		东部	
	logpergdp-Y	loginc-Y	logpergdp-Y	Loginc-Y	logpergdp-Y	Loginc-Y
城镇	-0.288 N=825	0.11 N=825	0.16 N=930	-0.123 N=930	0.407*** N=1431	-0.039 N=1431
农村	-0.656** N=353	-0.064 N=353	0.744** N=317	0.318** N=317	0.342* N=505	0.066 N=505
区域特征	控制	控制	控制	控制	控制	控制
个体特征	控制	控制	控制	控制	控制	控制
N	1178		1247		1936	

注:* $p<0.1$;** $p<0.05$;*** $p<0.01$。

第一,关于我国东中西部城镇和农村居民产品质量满意度与人均GDP关系的实证结果。根据表6-5可知,人均GDP对东部城镇居民和农村居民的产品质量满意度(Y)影响均显著,且影响方向均为正(0.407和0.342)。人均GDP对中部和西部地区的城镇居民的产品质量满意度(Y)影响均不显著,但对中西部地区的农村居民影响显著。同时还发现,人均GDP对西部地区农村居民的影响方向为负(-0.656),但对中部地区农村居民的影响方向为正(0.744)。这一点对前面表6-4的分析结论有一定的补充,虽然人均GDP对中部地区消费者的产品质量满意度影响不显著，但是却对中部地区农村居民的影响正向显著。因而，在其他条件不变的情况下，人均 GDP 的提高能够显著提升东部地区城镇和农村居民的产品质量满意度（Y），显著提升中部地区居民的产品质量满意度（Y），但却显著降低西部地区农村居民的产品质量满意度（Y）。此外，人均 GDP 的提高对中部和西部地区城镇居民的产品质量满意度（Y）无影响。

第二，根据表6-5还可以看到，居民绝对收入仅对中部地区农村居民的影响正向显著（0.318），对东部和西部地区居民（无论是城镇居民还是农村居民）的影响不显著。这一结论和表6-3所示东中西部消费者产品质量满意度的回归结果是一致的。因而，在其他条件不变的情况下，居民绝对收入的提高，可以明显提升中部地区农村居民产品质量满意度，进而拉动中部地区消费者产品质量满意度水平的提高。但是，在其他条件不变的情况下，仅仅依靠居民绝对收入的提高，并不能显著提高西部和东部地区消费者的产品质量满意度水平。

四 对东中西部产品质量满意度依次递减的实证解释

根据本研究第三章问卷调查统计结果（见图3-6），我国东中西部居民对所消费产品质量满意度（Y）依次递减。根据本节上述回归数据可推论出：相对较低的经济发展水平、居民收入差距显著降低了西部居民的产品质量满意度；东部城镇居民因受经济发展水平的正向影响而产生较高的评价，在一定程度上拉高了东部居民产品质量满意度的总体水平。

之所以有以上的结论，主要是基于以下的原因：

从西部地区的消费者产品质量满意度来看，如公式（6-6）所示，西部地区居民产品质量满意度影响因素仅有三项非个体因素，分别是人均 GDP、居民收入差距和自然环境。其中，自然环境对西部地区居民产品质量满意度（Y）影响为正向，而经济发展水平和居民收入差距则西部地区居民的影响为负向。从表6-5所示的东中西部城乡居民产品质量满意度（Y）影响因素回归结果来看，反映经济发展水平的人均 GDP 对西部地区的城镇居民影响不显著，但是对农村居民的影响负向显著。也就是说，在西部地区的相同城市，农村居民产品质量满意度明显低于城镇居民。由于西部大部分地区的人均 GDP 水平相较于中部和东部地区都偏低，因而受人均 GDP 负向拉动较为显著的西部地区农村居民的产品质量满意度就相对较低。加之"居民收入差距"这一因素对西部地区居民产品质量满意度（Y）的负向作用最强，对中部地区居民的负向影响相对弱一些，而对东部地区消费者产品质量满意度的影响为正向。因而，相比中部和东部地区，西部地区居民对收入差距更加敏感，尤其是经济发展水平对西部地区农村居民的影响为显著负向，因而就在一定程度上造成西部地区居民的产品质量满意度相对较低的结果。

再从东部地区的消费者产品质量满意度来看，如表 6-3 和表 6-4 所示，反映经济发展水平的人均 GDP 对东部地区居民产品质量满意度的影响为正向显著。但是这一点相对中部地区居民来说并不是特别的优势，因为中部地区居民的产品质量满意度还显著受到收入水平的正向影响。但是从城乡居民所受影响因素的结构特征来看（如表 6-5 所示），东部地区城镇居民受到人均 GDP 的显著正向拉动，但是中部地区城镇居民却不受人均 GDP 的影响。因而，之所以东部地区消费者的产品质量满意度高于中部和西部地区，其城镇居民产品质量评价对总体水平（Y_{east}）的正向拉动是必要的条件。

因而，东部地区居民容易受到经济发展水平的正向影响和服务业发展水平的负面影响，中部地区居民产品质量满意度较易受收入水平的正向影响，西部地区居民更容易受到经济发展水平和居民收入差距的双重负面影响。要让西部地区居民所享有的产品质量水平得以提高，要特别注重降低居民收入差距，尤其是提高西部地区农村居民的收入水平。

第四节 本章小结

上一章的总体实证检验结果证明，反映经济发展水平的人均 GDP 对消费者产品质量满意度的影响正向显著。本章主要验证了这一影响在不同分组人群中的异质效应。本章的基本结论有以下两个方面：

（1）在其他条件一致的情况下，反映经济发展水平的人均 GDP 对城乡居民产品质量满意度的影响具有异质性。

第一，对于城镇居民来说，人均 GDP 对消费者产品质量满意度影响正向显著，但对农村居民影响不显著。也就是说，人均 GDP 的提高，可以显著提高城镇居民的产品质量满意度。

第二，相对于城镇居民，影响农村居民产品质量满意度的影响因素，多了一个反映收入分配的"城乡收入差距"，且影响显著为负。也就是说，城乡收入差距的扩大，将显著降低农村居民对产品质量的评价。

第三，农村居民比城镇居民更加敏感地受到消费性支出占比的影响。对于农村居民来说，用于消费性支出的比例越大，用于非消费性支出的比例越小，其对产品质量的满意度就越低。

第四，居民绝对收入这一指标对城镇居民产品质量满意度显著为负，但对农村居民影响显著为正。也就是说，居民收入的提高，将会显著降低城镇居民产品质量满意度，但却会显著提高农村居民的产品质量满意度。

（2）在其他条件一致的情况下，反映经济发展水平的人均 GDP 对东中西部地区居民产品质量满意度的影响具有异质性。

第一，人均 GDP 对消费者产品质量满意度的影响，对西部地区居民和东部地区居民的影响显著。但是，对这两个区域居民的影响方向却相反，即对西部地区居民产品质量满意度影响负向显著，对东部地区居民正向显著。

第二，对于西部地区居民来讲，除了人均 GDP 和环境质量，对消费者产品质量满意度影响显著的区域因素仅有居民收入差距，且影响方向为负向，而其他的区域变量（居民绝对收入、第三产业占比、消费性支出占比等）对消费者产品质量满意度均不显著。因而，在其他条件不变的条件下，居民收入差距越大，西部地区居民对产品质量的评价越低。

第三，对比西部和东部地区，居民收入水平仅对中部地区居民具有显著影响，而且影响方向为正。也就是说，居民收入将会显著提高中部地区居民的产品质量满意度，而对西部和东部地区居民产品质量满意度的影响不显著。

第四，居民收入差距对东部居民的影响显著为正，与对其他区域居民的影响方向相反。也就是说，在其他条件一致的情况下，对于其他区域来说，居民收入差距越大，消费者产品质量满意度就越低。此外，第三产业占比对东部居民产品质量满意度的负向影响要大于其他区域。

第七章 微观影响机制的实证分析

第一节 引言

本书第四章至第六章的研究结论证明，消费者对产品质量的评价，受到许多复杂因素的影响，既包括客观因素，如收入水平、消费支出等，又受到主观因素的影响，如性别、年龄、婚姻状况等。那么，经济发展水平这一宏观因素究竟是通过何种机制影响消费者对产品质量的评价的？

总体来说，经济发展水平对消费者产品质量满意度的影响，可分为直接和间接两条途径。那么，经济发展水平究竟是直接对消费者产品质量满意度产生了影响，还是间接影响了消费者对产品质量的评价？本部分试图对经济发展水平影响消费者产品质量满意度的微观机制进行进一步的分析。

第二节 经济发展水平影响消费者产品质量满意度的微观机制假设

宏观层面的经济发展水平是如何影响消费者个体的产品质量满意度的？这就需要回到消费者这一原点，梳理消费者在进行产品质量满意度的决策过程中，与经济发展水平相关的心理变化特征。总体来说，随着一个地区经济发展水平的提升，该地区消费者对产品价格的容忍度、对质量安全的信任度、质量投诉积极性、收入增长满意度均会发生一定的变化。那么这四个因素的变化,对消费者产品质量满意度是否有影响?

(1) 消费者对产品质量满意度的影响,从心理角度看,就是"值不值得"的心理感受。而"值不值得"就与消费者付出的价格成本直接相关,与消费者的消费偏好、价格忍耐性直接相关。产品价值的大小取决于消费者为此付出多少代价,也就是取决于消费者的偏好和需求。① 对于那些对高质量愿意付出高价格的消费者来说,他们对产品质量的评价应该是比较高的。但是对于那些对高质量不愿意付出高价格的消费者来说,由于对产品价格的不满,对高质量产品(因为高质量产品的价格会相对高些)的评价会偏向于"不值得",因而就会出现产品本身质量很高,但是消费者对产品质量的评价反而不高的情况。王海忠等(2007)实证得出价格对感知质量和购买意向均有显著影响效应。② 对于消费者个体来讲,其收入水平越高,其对产品价格的容忍度就越高。同样地,对于一个地区来讲,其经济发展水平越高,高收入人群所占比例越高,该地区消费者对高质量产品的价格容忍度也就越高,该区域消费者所消费高质量产品的比例、对产品质量的评价都随之提高。因此,经济发展水平有可能通过影响"消费者对产品价格的容忍度",进而影响消费者产品质量满意度。

(2) 不得不注意的一个现象就是,随着我国经济社会的发展,我国消费者对产品的关注点从"数量"逐步转向"质量"。尤其是进入21世纪以来,随着我国一些重大质量安全事件的爆发,以及质量信息的快速传播和流动,我国消费者对质量安全的关注度越来越高,对产品质量安全也越来越敏感。从本研究与消费者面对面开展的质量调查访谈来看,消费者日常生活中受到的产品质量伤害很少,但他们对质量安全(尤其是婴幼儿用品)仍然比较担心和较为不满意,同时消费者对质量安全的担忧或不信任直接影响了他们对总体产品质量的实际评价。国外学者的研究表明,产品伤害危机事件及其处理过程会对消费者的产品质量满意度产生很大影响。Siomkos (1988, 1992) 检验了产品伤害危机

---

① 伊斯雷尔·柯兹纳:《市场过程的含义》,中国社会科学出版社2012年版,第15—39页。

② 王海忠、王晶雪、何云:《品牌名、原产国、价格对感知质量与购买意向的暗示作用》,《南开管理评论》2007年第6期。

事件发生后企业信誉、外部反应，以及企业对危机事件响应的努力程度对于消费者对危机产品危险性的感知、将来购买危机企业其他产品意愿的影响。[①] Niraj 和 Madan（2000）以消费者期望作为调节变量，检验了企业对产品伤害危机事件的各种响应对品牌资产的影响。[②] George、Rao 和 Narayanan（2001）检验了消极的情感性和积极的情感性对于消费者对危机企业态度的影响。[③] 因此，经济发展水平有可能通过影响"消费者对质量安全的信任度"，进而影响消费者产品质量满意度。

（3）经济发展水平的提高，有可能会带来消费者质量意识的逐渐提高。消费者主权意识的提高，是市场经济的必然结果。质量意识是影响消费者质量需求偏好的直接原因，而质量需求偏好又直接影响厂商的质量行为和消费者的质量评价。经济发展水平越高的区域，其消费者因为获得质量信息的成本相对较低，同时对维护自身权益的意识较强，也能够享有一定的质量公共服务（例如：政府所设立的投诉举报服务等）。也就是说，经济发展水平的提高，不仅体现在社会基础设施等"硬环境"的改善，更体现在消费者投诉举报机制的完善、消费者权益保护、质量公共服务等"软环境"的改善。从较为成熟的顾客满意度评价模型来看，如果消费者的抱怨、投诉、举报等能够被较好地处理和解决，消费者对所投诉举报产品质量的评价有可能不是负面评价，反而是正面评价。因此，经济发展水平有可能通过影响"消费者投诉举报积极性"，进而影响消费者产品质量满意度。

（4）对于任何地区来讲，其进行经济发展的重要动力就是不断提高本区域居民可支配收入水平。根据相对收入理论，由于消费是一种社会行为，人与人之间的相互影响使得居民的消费受周围人群消费水准的影响，特别是高收入群体对低收入群体的示范效应。据此，可以推论出那些相对收入较高、对自身收入增长较为满意的消费者，其生活幸福感较强，而消费者自身的主观幸福感很有可能对产品质量的评价也有一定

[①] Siomkos, Kurzbard. Modeling ambiguity in decisions under uncertainty [J]. Journal of Consumer Research, 1988（9）: 265 – 272.

[②] Niraj Dawar, Madan M. Pillutla. Impact of Product – harm Crisis on Brand Equity, the Moderating Role of Consumer Expectations [J]. Journal of Marketing Research, 2000（5）: 215 – 226.

[③] George J. S., Rao Srlkumar S., Narayanan Sunder. The Influence of Positive andNegative Affectivity on Attitude Change toward Organizations [J]. Journal of business and Psychology, 2001, Vol. 16（1）: 151 – 161.

程度的影响。从本研究所开展的消费者调查来看，北京、上海和广州这些城市经济发展水平较高，但是这些城市的消费者产品质量满意度并不高，排名反而较为靠后。这其中一个较为明显的原因就是，北京、上海和广州这些城市的生存成本和生活压力相比我国其他城市是比较大的，生活满意度相对来说较低，据国内权威机构进行的中国城市幸福感的调查，上海、北京、深圳这些一线城市的居民幸福度调查排名几乎年年都是倒数，与本研究得出的消费者产品质量满意度的城市排名较为相似。很有可能是生活在这些城市的居民其生活满意度对产品质量满意度产生了负向作用。因此，经济发展水平有可能通过影响"消费者收入增长满意度"，进而影响消费者产品质量满意度。

综上所述，本节提出如下猜测：经济发展水平通过消费者的价格容忍度、质量安全信任度、投诉举报积极性和收入增长满意度这四个方面影响其产品质量满意度水平。

为了验证上述猜测，本章将人均 GDP 影响消费者产品质量满意度（Y）的计量模型中，分别依次加入产品价格容忍度、质量安全信任度、投诉举报积极性和收入增长满意度这四个因素。也就是说，在前文第四章所最终构建的较为稳健的计量模型［即模型（4-5）］的基础上，在控制变量中分别加入消费者的产品价格容忍度、质量安全信任度、投诉举报积极性和收入增长满意度。如果解释变量人均 GDP 对消费者产品质量满意度（Y）的影响系数变得不显著或者显著性下降，即人均 GDP—产品质量满意度的影响系数逐渐变小且显著性也逐步降低，那么就说明本章所猜测的人均 GDP 影响消费者产品质量满意度（Y）的微观机制则成立。

第三节 相关指标说明与数据来源

本章所用消费者产品质量满意度、反映经济增长的人均 GDP 数据和前文是一致的，指标的含义和数据来源参见第三章和第四章。本节主要对消费者的产品价格容忍度、质量安全信任度、投诉举报积极性和收入增长满意度这四个变量的评价指标进行简要说明。

（一）产品价格容忍度（pto）

该指标的含义就是消费者在价格上涨之后仍然选择购买的价格上

限。该指标来源于本研究质量调查问卷中的问项："对'高质量产品，应该付出高价格'这一说法的认同度。"该指标的最低值为 1 分，最高值为 10 分，符号为 pto（price tolerance）。

（二）质量安全信任度（safety）

该指标的含义就是消费者对产品质量安全的评价。质量安全就是指不好的产品质量对消费者造成的经济、人身或精神的损失。该指标来源于本研究质量调查问卷中的问项："您在本地区所消费产品的总体安全性。"该指标的最低值为 1 分，最高值为 10 分，符号为 safety。

（三）投诉举报积极性（compl）

该指标的含义就是消费者在购买到假冒伪劣产品之后，会投诉或举报的可能性。指标来源于本研究质量调查问卷中的问项："使用当地质量投诉举报热线的主动性。"该指标的最低值为 1 分，最高值为 10 分，符号为 compl。

（四）收入增长满意度（icsi）

该指标的含义就是消费者对自己收入水平增长情况的评价。指标来源于本研究质量调查问卷中的问项："对本年度自身收入增长状况的评价。"该指标的最低值为 1 分，最高值为 10 分，符号为 icsi。

第四节 微观影响机制建模计量方法与回归结果

本章所用计量模型与计量方法均与第四章一致，只不过本章的计算方法是在第四章所构建较为稳健的模型（4-5）中，分别加入消费者的产品价格容忍度（pto）、质量安全信任度（safety）、投诉举报积极性（compl）和收入增长满意度（icsi）这四个变量，所构建模型分别记为模型（m1）至模型（m4）。

模型（4-5）为前文所构建的人均 GDP 影响消费者产品质量满意度的基础模型，并没有加入猜测的变量；

模型（m1）在模型（4-5）的基础上加入变量 pto，即"消费者对产品价格的容忍度"；

模型（m2）在模型（m1）的基础上加入变量 safety，即"消费者对质量安全的信任度"；

模型（m3）在模型（m2）的基础上加入变量 compl，即"消费者

投诉举报的积极性";

模型（m4）在模型（m3）的基础上加入变量 icsi，即"收入增长状况的满意度"。

采用 Oprobit 计量回归方法对第四章所构建计量模型（4-5）以及模型（m1）至模型（m4）进行回归，回归结果如表 7-1 所示。

表 7-1　　　　　　微观影响机制总体回归结果

	模型（4-5）	模型（m1）	模型（m2）	模型（m3）	模型（m4）
logperggdp	0.107***	0.101***	0.068***	0.061**	0.024*
	(0.025)	(0.025)	(0.025)	(0.025)	(0.033)
marketization	-0.665***	-0.561***	-0.328***	-0.327***	-0.390***
	(0.102)	(0.102)	(0.104)	(0.104)	(0.111)
con_inc	-0.214***	-0.168***	-0.007	0.001	0.015
	(0.060)	(0.060)	(0.061)	(0.061)	(0.062)
envi	0.258***	0.230***	0.122***	0.116***	0.116***
	(0.006)	(0.006)	(0.007)	(0.007)	(0.007)
sex	-0.059***	-0.056***	-0.015	-0.012	-0.011
	(0.022)	(0.022)	(0.022)	(0.022)	(0.022)
age	0.032***	0.027**	0.015	0.019	0.019
	(0.012)	(0.012)	(0.012)	(0.012)	(0.012)
marriage	0.072***	0.064**	0.048*	0.058**	0.058**
	(0.027)	(0.027)	(0.028)	(0.028)	(0.028)
location	0.052**	0.074***	0.047*	0.058**	0.056**
	(0.024)	(0.024)	(0.025)	(0.025)	(0.025)
pto		0.119***	0.043***	0.039***	0.039***
		(0.006)	(0.007)	(0.007)	(0.007)
safety			0.651***	0.648***	0.648***
			(0.009)	(0.009)	(0.009)
compl				0.030***	0.030***
				(0.005)	(0.005)
icsi					0.114*
					(0.069)
N	8633	8631	8630	8629	8629

注：*p<0.1；**p<0.05；***p<0.01。

第五节 人均GDP影响消费者产品质量满意度微观机制分析

从回归结果（表7-1）得出，在前文第四章所构建较为稳健的计量模型（4-5）中，加入消费者的产品容忍度（pto）这一控制变量后，人均GDP对产品质量满意度（Y）的影响仍显著（在1%水平上显著），但是影响系数由0.107降为0.101。

在此基础上，再加入质量安全信任度（safety）这一变量后，人均GDP对产品质量满意度（Y）的影响仍显著（在1%水平上显著），但是影响系数由0.101降为0.068；进一步加入投诉举报积极性（compl）这一变量后，人均GDP对产品质量满意度（Y）的影响仍显著，但是显著性有所降低（在5%水平上显著），同时影响系数由0.068降为0.061；在此基础上，再加入收入增长满意度（icsi）这一变量后，人均GDP影响产品质量满意度（Y）的显著性进一步降低（在10%水平上显著），同时影响系数由0.061降为0.024。因而，本章的猜测成立，即是：在给定其他条件一致的情况下，经济发展水平通过消费者的价格容忍度、质量安全信任度、投诉举报积极性和收入增长满意度，直接对消费者的产品质量满意度产生影响。

进一步分析，将模型（4-5）中的被解释变量"消费者产品质量满意度（Y）"，分别替换为消费者的产品"价格容忍度（pto）""质量安全信任度（safety）""投诉举报积极性（compl）"和"收入增长满意度（icsi）"这四个变量，解释变量仍为人均GDP（对数），其他控制变量与模型（4-5）相同，计量模型分别记为模型A、模型B、模型C和模型D。采取Oprobit方法对模型A至模型D进行回归，回归结果如表7-2所示。

表7-2　被解释变量替换为pto \ safety \ compl \ icsi 的回归结果

被解释变量	模型A	模型B	模型C	模型D
	pto	safety	compl	icsi
logpergdp	0.047*	0.091***	0.137***	1.039***
	(0.025)	(0.025)	(0.024)	(0.029)

续表

	模型 A	模型 B	模型 C	模型 D
marketization	-0.576***	-0.633***	-0.178*	3.099***
	(0.101)	(0.102)	(0.101)	(0.104)
con_inc	-0.256***	-0.277***	-0.200***	-0.794***
	(0.060)	(0.060)	(0.059)	(0.060)
envi	0.159***	0.237***	0.143***	0.00
	(0.006)	(0.006)	(0.006)	(0.006)
N	8632	8633	8632	8634
个体特征	控制	控制	控制	控制

注：* $p<0.1$；** $p<0.05$；*** $p<0.01$。

从表7-2中可知，在给定条件一致的情况下，人均GDP对消费者的产品价格容忍度（pto）、质量安全信任度（safety）、投诉举报积极性（compl）和收入增长满意度（icsi）均影响显著，影响方向均为正向。同时，在给定条件一致的情况下，人均GDP对产品价格容忍度（pto）、质量安全信任度（safety）、投诉举报积极性（compl）和收入增长满意度（icsi）的影响程度依次加强，影响系数分别为0.047、0.091、0.137和1.039。这说明，在反映经济发展水平的人均GDP指标越高的区域，该区域消费者的产品价格容忍度（pto）、质量安全信任度（safety）、投诉举报积极性（compl）和收入增长满意度（icsi）也越高。

综合以上两方面的回归结果（表7-1和表7-2），可以得到：人均GDP对消费者产品质量满意度（Y）的影响，随着消费者的产品价格容忍度、质量安全信任度、投诉举报积极性和收入增长满意度这四个变量的逐步加入，影响系数和显著性均呈现逐渐下降的趋势（如表7-1所示）。同时，在控制变量一致的情况下，消费者产品质量满意度（Y）与产品价格容忍度、质量安全信任度、投诉举报积极性和收入增长满意度有明显的共线性（如表7-2所示），而且与这四个变量的共线性依次增强。据此，可以给出经济发展水平对产品质量满意度的影响机制图，如图7-1所示。

基于图7-1的结果，可以发现：在给定其他条件一致的情况下，经济发展水平通过对消费者的产品价格容忍度、质量安全信任度、投诉举报积极性和收入增长满意度，对消费者的产品质量满意度产生影响。

第七章 微观影响机制的实证分析

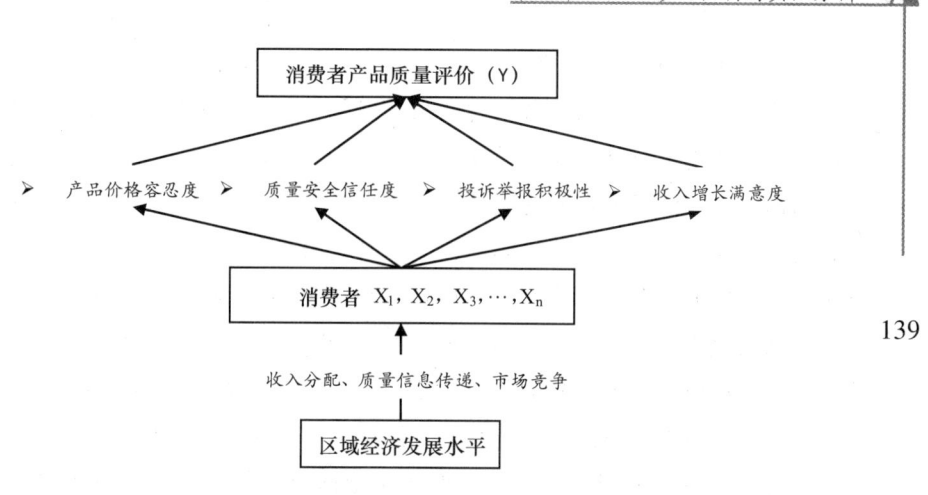

图 7-1 经济发展水平对消费者产品质量满意度的影响机制图

本章的实证结果显示，反映经济增长的人均 GDP 每提高 10%，消费者的产品价格容忍度、质量安全信任度、投诉举报积极性和收入增长满意度分别提高 0.47%、0.91%、1.37% 和 10.39%，由于这四个主观心理因素对消费者产品质量满意度均有显著的直接影响，因而将对消费者产品质量满意度产生影响。

此外，正如本章第一节所论证的那样，一个地区经济水平的提高将主要通过"收入分配机制"，带来本区域居民收入水平的提高和收入差距的缩小，进而提升消费者的价格容忍度和收入增长满意度；消费者对产品质量安全信任度，主要受到市场上产品质量信息传递的影响；消费者投诉举报积极性的提高，是区域经济市场化程度和市场竞争性提高的结果。因而，还可以得出经济发展水平对消费者的产品质量满意度的影响，主要是通过收入分配、信息传递和市场竞争三个方面进行传导。

第六节 人均 GDP 影响消费者产品质量满意度微观机制定量分析

根据表 7-1 和表 7-2 的结果，还可以得到经济发展水平分别通过消费者的价格容忍度、质量安全信任度、投诉举报积极性和收入增长满意度，对消费者产品质量满意度（Y）产生的定量影响，主要分析如下：

1. 人均 GDP——价格容忍度——产品质量满意度

传统理论认为，消费者认为产品价格有一个接受区间，如果价格未超过消费者认为的合理区间（价格容忍度），产品价格将对产品的选择起到正向作用。经济发展水平的提高，可带来消费者价格容忍度的提高，消费者也将提高对高质量产品的偏好，进而对所消费商品产生较高的产品质量满意度。依据表7-2可得，在其他条件不变的情况下，人均 GDP（对数）每提高1%，消费者产品价格容忍度提高0.047%；依据表7-1可得，产品价格容忍度提高1%，消费者产品质量满意度提高0.039%。

2. 人均 GDP——质量安全信任度——产品质量满意度

经济发展水平越高，消费者对于本地区所出售产品质量的安全性能越信任。质量安全是消费者进行商品消费的前提和底线，因而对质量安全越信任的消费者，对产品质量满意度越高。依据表7-2可得，在其他条件不变的情况下，人均 GDP（对数）每提高1%，消费者质量安全信任度提高0.091%；依据表7-1可得，质量安全信任度提高1%，消费者产品质量满意度提高0.648%。

3. 人均 GDP——投诉举报积极性——产品质量满意度

一般认为，消费者投诉举报积极性越高，消费者对产品质量的评价就越低，但本节实证结果却与此恰恰相反。也就是说，对于消费者来说，投诉举报积极性越高的消费者，其对产品质量满意度越高，这两者之间呈显著的正向关系。依据表7-2可得，在其他条件不变的情况下，人均 GDP（对数）每提高1%，消费者产品价格容忍度提高0.137%；依据表7-1可得，产品价格容忍度提高1%，消费者产品质量满意度提高0.03%。

4. 人均 GDP——收入增长满意度——产品质量满意度

本研究第四章的实证分析结果证明，消费者绝对收入水平与产品质量满意度之间呈"U"形曲线，但消费者相对收入水平（即：消费者收入增长满意度）与消费者产品质量满意度为正向线性关系。依据表7-2可得，在其他条件不变的情况下，人均 GDP（对数）每提高1%，消费者产品价格容忍度提高1.039%；依据表7-1可得，产品价格容忍度提高1%，消费者产品质量满意度提高0.114%。

综上所述，在控制变量一致的条件下，人均 GDP（对数）通过消费者产品价格容忍度、质量安全信任度、投诉举报积极性和收入增长满意度，对消费者产品质量满意度的影响程度计算如表7-3所示。

第七章 微观影响机制的实证分析

由表 7-3 的统计结果可知，人均 GDP（对数）每提高 1%，通过消费者产品价格容忍度、质量安全信任度、投诉举报积极性和收入增长满意度，对消费者产品质量满意度的拉动程度为 0.183%。该结果与第四章回归计算得出的人均 GDP（对数）对产品质量满意度（Y）的弹性系数 $K_{pg-y}=0.178$ 是基本一致的。

表 7-3　人均 GDP 通过 pto \ safety \ compl \ icsi 对 Y 的定量影响

反映区域经济发展水平的人均 GDP 提高 1%				
价格容忍度（pto）提高 0.047%	质量安全信任度（safety）提高 0.091%	投诉举报积极性（compl）提高 0.137%	收入增长满意度（icsi）提高 1.039%
⇩	⇩	⇩	⇩
价格容忍度（pto）带来的产品质量（Y）提升程度 0.0018%	质量安全信任度（safety）带来的产品质量（Y）提升程度 0.059%	投诉举报积极性（compl）带来的产品质量（Y）提升程度 0.004%	收入增长满意度（icsi）带来的产品质量（Y）提升程度 0.118%
共计：消费者产品质量满意度（Y）提升 0.183%			

根据表 7-3，可以得到人均 GDP 通过 pto、safety、compl、icsi 这四项影响通道对消费者产品质量满意度 Y 影响程度的定量排序，结果如表 7-4 所示。

表 7-4　人均 GDP 通过 pto \ safety \ compl \ icsi 对 Y 的定量影响排序

影响通道	对消费者产品质量满意度（Y）的提升幅度	占四个影响通道提升幅度的百分比	排序
价格容忍度	0.0018%	1%	4
质量安全信任度	0.059%	32.2%	2
投诉举报积极性	0.004%	2.2%	3
收入增长满意度	0.118%	64.5%	1
小计	0.183%	100%	—

根据表7-4，可以发现：经济发展水平通过提高收入增长满意度带来的产品质量满意度（Y）提升幅度最大，占以上四项影响因素提升幅度总和的64.5%；经济发展水平通过提高居民质量安全信任度带来的产品质量满意度（Y）的提升幅度排名第二，占四项影响因素提升幅度总和的32.2%；经济发展水平通过提升居民投诉举报积极性带来的产品质量满意度（Y）的提升幅度排名第三，占四项影响因素提升幅度总和的2.2%；最后，经济发展水平通过提升消费者的价格容忍度带来的产品质量满意度（Y）的提升幅度排名第四，占四项影响因素提升幅度总和的1%。

综上所述，基于表7-3和表7-4的数据结果，还得出以下结论：

1. 经济发展水平通过提高消费者的相对收入，进而提高消费者产品质量满意度的效果最明显

本研究第四章的研究证明消费者绝对收入水平与产品质量满意度之间呈"U"形曲线变化，但本章结论证明消费者相对收入水平（即消费者收入增长满意度）与消费者产品质量满意度为正向线性关系，且对产品质量满意度Y的正向拉动作用最大（见表7-2）。因而，如果说要通过提高消费者收入来提高消费者产品质量满意度，其最终目标应该是提高消费者对收入增长的满意度，而不单单是绝对收入的提高。

2. 经济发展水平越高的地区，消费者对所消费产品质量越放心，进而对产品质量满意度也较高

目前我国消费者对产品质量安全问题（尤其是食品质量安全）较为敏感，本节得出经济发展水平（人均GDP）的提升能够给消费者带来质量安全的正面激励的结论。质量安全是产品质量的底线要求，政府进行产品质量管理的目的之一就是要给公民提供一个较为安全和放心的消费环境。消费者对质量安全的感受对产品质量满意度的影响系数为0.648，位于四项影响通道的第一位（见表7-1）。

3. 经济发展水平的提高带来消费者投诉举报积极性的提高，这一变化有利于消费者产品质量满意度的提升

本节数据表明，反映经济发展水平的人均GDP越高的地区，其消费者投诉举报积极性越高，同时，投诉举报积极性对消费者产品质量满意度具有明显的正向提升作用。在市场经济中通行的是消费者主权，市

场在分配资源方面的效率完全取决于消费者的决策是否正确和理智。可以看到，经济发展水平人均 GDP 对消费者投诉举报积极性的提升作用较强（影响系数为 0.137，位于四项影响通道的第二位，如表 7-2 所示）。因而，经济发展水平人均 GDP 越高的地区，其消费者投诉举报的积极性就越高，公民的质量意识就较强。同时，投诉举报积极性的提高并没有降低消费者的产品质量满意度，质量公共服务的软环境提升反而提高了消费者对产品质量的总体评价。

4. 经济增长通过提高消费者价格容忍度，进而提高产品质量满意度的作用稍弱

经济发展水平通过提升消费者的价格容忍度，所带来产品质量满意度（Y）的提升幅度排名最后，且占四项影响因素提升幅度总和的 1%。这一结果一方面说明经济发展水平越高，消费者对产品的价格容忍度越高，对高质量产品越容易付出高价格，从而能够对高质量产品的提供方产生激励作用；另一方面，这一结果说明目前这一激励作用还不大，消费者在进行产品质量满意度评价的时候，对价格这一相对因素的考虑还不够，对"高质量产品应该付出高价格"的认同度不高。

第七节　本章小结

本章主要通过实证检验了人均 GDP 影响消费者产品质量满意度的微观机制。本章从消费者进行产品质量满意度的心理角度出发，首先提出猜测：经济发展水平通过消费者的价格容忍度、质量安全信任度、投诉举报积极性和收入增长满意度对产品质量满意度产生影响。然后，本章通过调查数据进行回归，回归结果支持了这一猜测。本章得出的主要结论有如下几个方面：

第一，在给定其他条件一致的情况下，宏观的经济发展水平通过消费者的价格容忍度、质量安全信任度、投诉举报积极性和收入增长满意度，对消费者个体的产品质量满意度产生直接影响。

第二，反映经济发展水平的人均 GDP 越高，该区域消费者的产品价格容忍度、质量安全信任度、投诉举报积极性和收入增长满意度均会出现不同程度的提高，进而带来该区域居民的产品质量满意度也提高。实证结果显示，反映经济增长的人均 GDP 每提高 10%，消费者的产品

价格容忍度、质量安全信任度、投诉举报积极性和收入增长满意度分别提高0.47%、0.91%、1.37%和10.39%，由于这四个主观心理因素对消费者产品质量满意度均有显著正向影响，因而将带来消费者的产品质量满意度的提高。

  第三，本研究还得出了经济发展水平通过消费者的价格容忍度、质量安全信任度、投诉举报积极性和收入增长满意度，对消费者产品质量满意度的定量影响。结果表明，经济发展水平通过提高收入增长满意度带来的产品质量满意度（Y）提升幅度最大（占四项影响因素提升幅度总和的64.5%），通过提高居民质量安全信任度提升幅度为第二位（占四项影响因素提升幅度总和的32.2%），最后，通过提升消费者投诉举报积极性和价格容忍度所带来产品质量满意度（Y）的提升幅度排名第三和第四，分别占四项影响因素提升幅度总和的2.2%和1%。

第八章 提升我国消费者产品质量满意度政策建议

第一节 引言

产品质量信息存在明显的不对称性,消费者处于产品质量信息的弱势地位。这一结论最经典的证明,就是2001年诺贝尔经济学奖获奖者阿克尔洛夫提出的产品质量"信息不对称"理论。该理论认为由于卖方比买方有更多的"隐藏信息",消费者对市场上所出售产品的质量评价普遍偏低,高质量产品不能获得较高的市场价格,就会出现低质量产品驱逐高质量产品的结果,从而使市场上的总体产品质量水平持续下降。按消费者获取产品质量信息的难易程度,Nelson将产品分为搜寻品、经验品和信任品三种类型,其中搜寻品是消费者可以根据产品的外在形态(如颜色、气味等)凭经验就能进行判断的产品;经验品是消费者在交易时难以判断,直到消费一段时间后才能发现[1]的产品,譬如电子产品、汽车等;信任品是消费者甚至在消费结束后都不一定清楚其质量状况的产品,如保健药品、转基因食品等。随着产品的形态、功能日益复杂多样,消费者由于受产品质量知识和信息获取成本的约束,越来越无法通过产品的外在形态来判断其性能。可以说,消费者能凭经验在交易时就做出准确判断的产品种类是较少的,更多的是质量信息较为隐蔽的经验品和信任品。

当消费者产品质量满意度除了影响他们自身外,还影响其他消费者或市场主体时,这就意味着存在市场外部性。当他人受到有利影响时,

---

[1] Nelson, P. Information and Consumer Behavior [J]. Journal of Political Economy, 1970 (78): 311 – 329.

就说明消费者产品质量满意度存在外部收益（正外部性）；而当他人受到不利影响时，则说明消费者产品质量满意度存在外部成本（负外部性）。当消费者的产品质量满意度能与经济发展同步提升，高质量产品能够获得消费者的较高评价或能被大面积传播的话，高质量产品提供厂商能够获得消费者的认可和购买，此时消费者产品质量满意度就存在正的外部性；当消费者的产品质量满意度不能与经济发展同步提升，反而对产品质量满意度较低，就很容易出现阿克尔洛夫提出的"柠檬市场"。尤其是当前互联网和自媒体技术把每一个普通消费者都变成了传播者，通过网络和手机，产品质量信息（特别是不好的质量评价信息）瞬间可形成爆炸式的群体性传播，引起社会的高度关注，对生产企业和消费者产生重大影响，也可能造成消费者对产品质量的满意度不但没有提升反而降低的结果，而且单个产品质量提供厂商很难承担这一全部成本。因此，从这个意义上讲，消费者的产品质量满意度也具有一定的公共性。由于成本问题，在缺乏其他机制的作用下，产品交易双方都无法改变信息不对称的情况。要解决这种产品质量满意度的信息困境，就需要政府进行干预和引导，降低交易双方在信息传递中付出的相关成本。

因而，本章要回答的问题就是：本研究对于政府宏观质量管理具有什么启示？本章第二节将对本研究对政府宏观质量管理的启示进行归纳总结，第三节将为提升消费者产品质量满意度提出若干政策建议。

第二节 本研究对政府宏观质量管理的主要启示

一 产品质量满意度受经济发展水平的约束

消费者对产品质量的评价，主要来自产品质量满足自身需求的程度或对比。一般来说，产品质量水平越能满足需求，消费者的评价就越高。本研究证明，消费者微观个体的产品质量满意度受到区域经济发展水平的显著约束，宏观经济发展水平的提高，有利于消费者产品质量满意度的提升。本研究用来自我国不同城市的消费者调查数据证明，反映经济发展水平的人均 GDP 对消费者产品质量满意度的影响为正向显著。也就是说，在控制消费者个体特征和城市特征不变的情况下，人均 GDP 越高的区域，消费者的产品质量满意度就越高；反映经济发展水平的人均GDP越低的区域，消费者的产品质量满意度就越低。此外，本研究还通过实证检验得出，人均GDP主要是通过影响消费者的产品价格容忍度、质量安全信任度、投诉举报积极性和收入增长满意度来对产品质量满意度产生影响的，尤其是对31—50岁消费者的产品质量满意度影响非常显著。

因而，要理性看待我国消费者目前对产品质量满意度不高的现实，这是因为我国经济发展程度还不够为提高消费者产品质量满意度提供现实基础。本研究还证明，从东中西部的对比看，东部居民容易受到经济发展水平的正向影响和服务业发展水平的负面影响；中部居民产品质量满意度较易受收入水平的正向影响；西部居民更容易受到经济发展水平和居民收入差距的双重负面影响。

随着我国从解决温饱向小康社会的转变，人民群众的消费不再受消费品短缺的约束，其消费需求开始从数量转向对功能、安全和品牌等质量的要求，人民群众对产品（或服务）日益增长的更高质量的要求，已成为人民群众新期待的基础内容。虽然反映经济发展水平的人均GDP对消费者产品质量满意度有正向影响，但是在人均GDP提高的过程中，居民绝对收入水平、居民收入差距、产业结构、消费结构等都会发生一定的变动，而这些因素对消费者产品质量满意度具有负向影响，即有可能出现消费者产品质量满意度反而降低的结果，导致老百姓日益增长的质量需求与发展阶段约束性之间的矛盾加深。

二　居民收入分配水平对产品质量满意度的负向影响趋近底部

本研究证明，产品质量水平满足人们需求的程度，与消费者收入水平之间是非连续关系，也不是简单的线性关系，而是呈"U"形曲线：当产品质量水平低于一定的"临界点"（月收入7555元），居民绝对收入水平的提高可能不仅不能增加消费者的效用满足，反而会随着收入的提高，消费者产品质量满意度不断下降。也就是说，随着地区经济发展水平的提高，居民收入水平也将不断提升，但是居民对产品质量的评价并不是随收入的提高而提高的，它呈现出"先下降后上升"的变化特征。通过分析，还发现目前我国居民总体平均收入水平还未达到门槛值，处于产品质量满意度的下行趋势阶段。

此外，本研究实证检验还同时证明，居民收入水平的差距与产品质量满意度之间，也呈"U"形曲线变化关系，其中城乡居民收入比的门槛值约为2.9。同时，目前我国正处于居民收入差距对产品质量满意度影响的"U"形曲线的左下侧，正逼近消费者产品质量满意度的最底端。但是需提出的是，居民收入差距对东部居民的影响为正，与对其他区域居民的影响方向相反。也就是说，在其他条件一致的情况下，对于其他区域来说，居民收入差距越大，消费者产品质量满意度就越低。但是对于东部居民来说，居民收入差距越大，消费者对产品质量满意度反而越高。

可见，如果人均GDP的提高不能较高程度地转化为消费者收入水平的提高，出现收入水平的提高低于GDP的提高、收入分配差距过大，就会使得这两方面因素对消费者产品质量满意度产生叠加的负面效应，从而造成消费者产品质量满意度不高、消费预期降低。

三 服务业发展带来的信息流通显著降低消费者产品质量满意度

随着经济发展水平的提高，产业结构不断得到优化，服务业占GDP的比例越来越高。但本研究实证结果证明：服务业发展水平与消费者产品质量满意度呈倒"U"形曲线，拐点值为0.29。在计量模型中再次加入区域经济开放度的指标的分析结果证明，第三产业占比这一指标对产品质量满意度的影响为负向的主要原因是：服务业发展水平的提高，不但带来了产品服务水平的提高，而且随着经济的开放和市场竞争的加剧，也导致了消费者对产品质量的期望越来越高，加之质量信息传播和流动的快速化和扩大化，就造成消费者对质量的满意度可能不但没有提升，反而降低了。

特别需指出的是，第三产业占比对东部居民产品质量满意度的负向影响要大于其他区域，大学学历消费者比其他学历消费者更容易受到第三产业占比的影响。目前来说，我国地级以上城市的第三产业占比基本上高于门槛值0.29，这些城市的消费者产品质量满意度处于边际上升的阶段；中小城市如许昌、宜昌等地的2014年第三产业占比仍未超过门槛值0.29，这些城市的消费者产品质量满意度处于边际递减的阶段。

四 居民消费结构改善有利于提升低收入群体的产品质量满意度

本研究实证检验结果证明,对于消费性支出占比较高的区域,非消费类支出和社会福利水平相对较弱,这容易造成消费者畏惧消费、预期不乐观的心理状态,进而对产品质量的评价带来负面影响。通过在计量模型中加入消费性支出占比的二次项,其对消费者产品质量满意度的影响不显著。因而,居民消费结构的改善与消费者产品质量满意度呈负向线性关系,并且非消费性支出的比例越高,消费者对产品质量满意度就越高。

根据对城乡分组消费者产品质量满意度的回归结果看,消费性支出占比这一指标对城市居民和农村居民的影响均显著为负,但是对城市居民的影响系数要低于对农村居民的影响系数。因而,农村居民比城市居民更加敏感地受到消费性支出的影响。对于农村居民来说,用于消费性支出的比例越大,用于非消费性支出的比例就越小,其对产品质量满意度就越低。同时,对于低收入组消费者来说,经济发展水平的高低对其产品质量满意度影响不显著,但消费性支出占比对其影响显著。对于高收入组消费者来说,他们的产品质量满意度对消费性支出占比不敏感。同时,消费性支出在总收入中占比的改善对女性消费者的影响程度,要高于男性消费者。也就是说,女性作为家庭中主要的消费主体,他们比男性更容易受到消费者结构改善的正面影响。

五 农村居民产品质量满意度较低是收入水平较低的负面表现

本研究实证结果与通常判断一致,经济发展水平对消费者产品质量满意度的影响,对城市居民和农村居民具有不同效应,城市居民相比农村居民更加显著地受到区域经济发展水平的影响。也就是说,经济发展水平的提高对农村居民产品质量满意度的拉动,要高于对城市居民的产品质量满意度的拉动。总体回归结果表明,城乡收入差距这一控制变量对消费者产品质量满意度的影响是负向的,如果城乡居民的收入差距扩大程度为1%,则城乡收入差距对消费者产品质量满意度的负向拉动为0.157%,略低于人均GDP对消费者产品质量满意度的正向拉动幅度 0.178%。

目前在我国大力发展市场经济、大力进行工业化建设的政策背景下，食品安全问题的不断发生，值得我们进一步思考的是，为什么是在与农村、农业和农民如此接近的领域频频出现问题？相比不断扩大的食品需求方，尤其是城镇居民日益提升的食品质量需求，农村和农业生产却在渐渐地衰退，主要原因在于农村居民的收入相比城市居民收入仍然偏低，用于农业生产的资金就更少了。从本研究城乡居民产品质量满意度影响因素的对比结果看，影响农村居民产品质量满意度的影响因素，多了一个反映收入分配的"城乡收入差距"。进一步分析看出，人均GDP对城市居民产品质量满意度的影响显著为正，但城乡收入差距对农村居民影响显著为负。也就是说，城乡收入差距的扩大，将显著降低农村居民的产品质量满意度，人均GDP的提升对农村居民产品质量满意度的影响则不显著。

六 环境质量对各类居民的产品质量满意度影响均正向显著

本研究实证结果显示，环境质量满意度对消费者产品质量满意度的影响为正向显著，而居民收入水平、第三产业占比、城乡收入差距与消费性支出占比这四个控制变量对消费者产品质量满意度的影响为负向。实证结果还进一步显示，在其他条件不变的情况下，环境质量每提高1%，消费者产品质量满意度将提高0.35%，高于人均GDP对消费者产品质量满意度（Y）的影响系数（0.178）。同时，将消费者从不同个体特征、城乡分组、东中西部影响来看，基本上环境质量对各类消费者的产品质量满意度影响均正向显著，只是具体的影响程度有一定差异。可以看到，环境质量对高收入组影响最大，对低收入组的影响最小；女性消费者比男性消费者更加在意所生活区域的自然环境；对31—50岁之间消费者的正向影响，要略高于其他年龄段。尤其是，对于研究生以上学历消费者来说，反映经济发展水平的人均GDP对其产品质量满意度（Y）影响不显著，但研究生以上学历消费者的产品质量满意度，显著受到所在地区自然环境的影响，其他控制变量对其影响均不显著。在目前我国居民对环境质量的关注度和敏感度不断提高的今天，消费者的收入和受教育程度越来越高，将越来越将"低能耗""优环境"与"高质量"等同起来，资源的节约和环境的友好将对消费者产品质量评价和消费选择产生实质性影响。

第三节 若干政策建议

一 通过经济发展提升消费者产品质量满意度水平

我国是一个发展中大国，消费者对产品质量的评价表现出极大的差异化，既包括不同经济发展水平造成的差异，也表现为不同收入人群的差异。治理中国质量的一个基本难题，就在于要面对这种差异化。按产品质量的技术指标来看，改革开放以来，我国产品质量水平和管理取得了长足的发展。但与满足人民群众不断增长的质量需求相比，产品质量水平还有相当大的差距。因此，对产品质量的评价，不能仅从技术角度来进行评价，更要从消费者的角度看待产品质量的提升，即是要关注产品质量水平与消费者需求的对比。对于经济发展水平较低的地区、收入水平较低的消费者来说，他们对产品质量的要求相对较低，产品质量的忍耐性较高，因而有可能低等产品质量依然是符合需求的；对于经济发展水平较高的地区、收入水平较高的消费者来说，他们对产品质量较为挑剔，因而有可能较高的产品质量依然不符合他们的质量需求。科学认识和把握我国现阶段多层次性的质量国情，是创新我国产品质量治理的前提。因而，我国经济发展水平不同的地区，其质量创新和质量治理政策应具有区域性差异，以尽可能少的资源生产出尽可能多的符合市场需求的产品，把产品质量水平的提高建立在符合消费者有支付能力需求的水平上。

对于产品质量的管理，我们目前过于依赖终端产品的抽样、检验，却常常忽视经济发展水平对消费者产品质量水平的约束作用。现阶段要解决消费者对产品质量满意度不高的问题，除了加大对假冒伪劣产品的惩处力度以外，还应该考虑到我国不同地区的经济发展水平，以及不同消费者的个体特征和其他区域特征（如居民收入差距、产业结构和消费结构等）等这些内外部因素的影响。对于经济发展水平较高的地区（如东部地区）和高收入消费者来讲，重点提高服务业发展水平和环境质量；对于西部地区和低收入者，着重优化居民消费支出结构，并进一步提高其绝对收入水平，从而降低消费性支出占比，提高非消费支出的比例。将经济社会发展成果更多地转化为居民收入水平的提高以及收入差距的缩小，以尽快进入"U"形曲线的上升阶段。

二 改善收入分配和社会保障提升低收入群体对高质量必需品的支付能力

本研究实证结果证明，收入分配差距过大是影响低收入群体产品质量满意度不高的主要原因。收入分配差距过大的一个重要原因，就是初次分配中的垄断力量，降低了普通消费者的收入份额，也削弱了他们对高质量产品的支付能力。

因此，首先要鼓励居民增加对正常商品或高质量商品的购买，就必须降低这类商品的生产成本。而打破垄断是降低成本的有效方法，也是改善初次收入分配的一种方式。其次，对部分低收入群体（尤其是贫困地区）而言，要解决产品质量问题，局部的有针对性的收入再分配是必要的，其中一种收入再分配形式主要是通过财政转移支付或财政补贴的形式进行。也就是说，不是直接增加低收入群体的收入，而是对其购买的基本必需品给予补贴。对低收入群体发放食品券或者为中小学生提供免费营养午餐，就是这一种做法。以某一类生活必需品为例，可以针对特定的贫困地区，由财政给予专项补贴，以保证该类产品的质量水平能达到既定的标准，同时因为有财政补贴使产品价格处于消费者支付得起的水平。最后，还要通过完善社会保障，重点对中低收入群体的医疗、教育等支出提供一定的保障，并对低收入群体提供质量救济。

三 实行企业产品质量标识的差异化标准标注制度

本研究证明，消费者对高评价的产品，可形成明显的产品价格容忍度。但是实证结果也表明，经济发展水平通过提升消费者的价格容忍度所带来产品质量满意度（Y）的提升幅度排名最后，消费者在进行产品质量评价的时候，对价格这一相对因素的考虑还不够，对"高质量产品应该付出高价格"的认同度仍不高。

优质优价是市场经济成熟的重要标志，要想拥有生产高质量产品的企业主体，就必然要使企业产品的质量水平得到充分的表现，这样既能激励企业生产高质量的产品，又能为消费者的产品选择提供更好的依据。要实现这一目标，就应该实行企业产品质量标识的差异化标准标注制度，就应该在产品的标识上，清晰地展现不同产品的质量标准，使得不同层次的质量标准的标注，成为消费者最直观的产品选择依据。应该改革我国在产品标识上标注政府标准的制度，而将政府标准作为企业产品生产的依据，主要通过标注企业采用的远高于政府标准的高水平标准，来展现不同产品在质量上的差异化。特别要说明的是，企业所标注的高于政府基础标准的高水平标准，应该是得到市场、行业和社会所认可的标准，只有这些被社会所认可的标准，才能在产品标识上得到标注。实施满足国家基本标准，又更能体现差异化高水平标准的产品标注制度，能够有效地实现市场机制的优胜劣汰，鼓励企业更多采用高水平的标准，从而持续提升消费者产品质量满意度，刺激消费者的购买。

四　鼓励社会组织成为有信用的质量信息提供者

现有政府质量信息发布体系侧重于发布负面信息，主要是让消费者为了避免风险而减少消费，对于促进消费的正面信息则发布较少。在产品质量满意度信息提供领域，政府有限的职能不可能覆盖每一个老百姓关心的产品，政府可以更多地发挥"资源配置者"的角色，专业、第三方的社会组织可以承担"具体的行动者"的角色。完全由政府履行质量信息的职能，往往会适得其反。目前我国政府在质量监管领域在一定程度上陷入了"塔西佗陷阱"，即越是政府所说的，民众就越不相信。为改善这一现象，本研究认为政府应做到以下两点。第一，建议加快完善政府质量信息发布体系，除负面信息发布以外，还应积极推动正面质量信息的日常发布，并通过政府购买委托第三方检验机构披露能够指导消费选择行为的质量信息，使我国优质产品的正面质量信息更好地为消费者所了解，改善我国国内产品质量信息不对称状况，提高消费者对于国内产品的信心，引导海外消费回流。第二，大力发展"比较试验"等质量社会组织。"比较试验"等质量社会组织，是完全面向消费者的专业质量信息提供机构，是有效传播质量信息的重要载体。通过对消费者实际感知数据的充分挖掘，"比较试验"等质量社会组织能有效传播优质产品的正面质量评价。因而，可借鉴德国、美国等发达国家在商品比较试验方面较为成熟的模式，大力推动我国"比较试验"等质量社会组织的建设，促进质量社会组织良性发展。极大地丰富消费者质量信息获取途径,进而刺激消费需求的增长。同时鼓励越来越多的社会组织成为质量信息的提供者,基于他们彼此之间的竞争,各个产品质量信息提供者越会向消费者传递更加专业、更加公正的产品质量信号。

五 形成有助于消费者投诉举报的机制和文化

一般认为,消费者投诉举报积极性越高,消费者对产品质量的评价越低,但本研究实证结果却显示消费者投诉举报积极性越高,消费者对本区域产品质量满意度越高。也就是说,经济发展水平的提升,通过消费者质量意识、投诉举报意识的提升,而对消费者产品质量满意度产生促进作用。

相对于有形的质量制度和政策,质量意识和质量文化是一种无形的质量规则。消费者对产品质量的理解、质量维权意识和行为的产生,构成了对厂商产品质量行为有效的约束边界,从某种意义上它也构成了区域产品质量的"底线"水平。对于我国的产品质量监管部门来说,为了促进产品质量的提升,还应采取一定的措施来开展质量文化建设。一方面需要加大对消费者质量教育的力度;另一方面应鼓励消费者对存在质量问题的产品进行投诉和举报。尤其是在当前网络技术和自媒体技术快速发展的今天,众多消费者的"有形之眼"可以发挥对产品质量提升不可替代的作用。

第九章 主要研究结论、不足与展望

第一节 主要研究结论

　　从宏观的角度看，一个地区的经济发展水平越高，该区域的消费者越具有消费高质量产品的能力和偏好，企业（无论是生产企业，还是销售企业）为了获得经济利润，也会提高自己所提供商品的质量供给水平，以满足消费者日益提高的质量需求，从而提高消费者这一微观个体对自己所生活区域产品的感知质量。从根本上讲，产品质量满意度的根源并不单单是"产品"本身的问题，正如本研究所证明的，经济发展水平通过消费者心理和态度，对产品质量满意度产生显著影响。一个地区的消费者产品质量满意度水平，随着该地区无数消费者的质量偏好和消费行为而发生变化，在宏观层面与该地区的经济发展水平有一定的相关性。因而，对于我国而言，产品质量发展问题应在提高经济发展水平这一宏观因素下进行思考，构建有助于促进产品质量符合消费者需求的市场机制，着力避免"头痛医头，脚痛医脚"式的短期行为，并从根本上解决产品质量发展问题。本研究的主要研究内容和研究结论分为如下六个方面：

一　初步梳理了经济发展与产品质量的相关文献

　　本研究基于产品质量的定义与评价方法的演变，得出产品质量的最终评价主体是消费者。从现有的相关文献看，经济发展与产品质量提升是一个相互作用的过程。产品质量升级型内生增长模型表明，产品质量的提升能够促进经济发展水平的提高。本研究的关注点恰恰是经济发展水平如何影响产品质量？通过文献梳理，可以看到比较优势等相关理论对此问题的证明，经济发展水平较高的地区由于在技术、购买力等方面存在比较优势，因而能够生产和消费更高质量的产品。随着国际贸易数据的逐步开放，在后续的相关研究中，关于经济发展水平与产品质量关系的研究，主要沿着南北贸易模型、区域经济增长和收入分配三条主线来开展。这些研究的基本结论是，在市场供给与需求的相互作用下，产品质量随着经济发展水平的不同存在差异性。同时，根据消费者行为学领域的相关研究，消费者对产品质量的评价，都是在一定的社会环境和经济条件下进行的，由于交易双方存在产品质量的不对称性，因此消费者产品质量满意度本身会受到多种客观因素的影响，如宏观经济环境中的社会经济发展水平、经济结构与体制的变化、社会收入水平、市场结构等。其中，产品来源地对消费者产品质量满意度的影响，较为明显地反映了不同国家或地区的经济发展水平对消费者产品质量满意度的影响。由于消费者处于需求变化的核心地位，产品质量的供给水平随着消费者的质量需求而发生变动，因而作为产品质量消费主体的消费者，尤其是对不同地区的众多消费者来说，其对产品质量满意度随着所在地区经济发展水平的变化而变化，同时这一变化由于不同消费者个体特征而具有一定的差异。

二 定量得出当前我国产品质量满意度的总体情况和主要特征

产品质量的衡量可以从生产环节和销售环节两方面进行测度：从生产环节视角研究，消费者对产品质量满意度的高低直接与技术水平和生产率的高低密切相关，技术水平和生产率较高的国家，其生产的产品质量较高；从消费环节视角研究，不同地区的消费者对于产品质量和价格的偏好会有所不同，一般情况下，经济发展水平较高的地区在生产和消费更高质量的产品上具有比较优势，所以这些地区的消费者将消费更高质量的产品，对产品质量满意度也越高。由于目前我国还没有较为完整地反映我国不同城市居民对产品质量满意度的数据，因而本研究在全国范围内开展了关于消费者产品质量满意度的大规模问卷调查。在经过相关理论分析、问卷设计、人群抽样、问卷发放、问卷回收和问卷统计等过程，基于85个城市约1.1万份的有效调查问卷，本研究得出目前我国消费者产品质量总体评价处于及格水平。在所调查城市中，消费者评价达到较为满意的城市约为5%；约55%的城市，其消费者产品质量满意度处于及格水平；约40%的城市的消费者产品质量满意度处于不及格水平。本研究还从性别、婚姻状况、年龄、文化程度分别进行统计，得出不同个体特征消费者的产品质量满意度差异，并发现我国城镇居民产品质量满意度高于农村居民，东中西部消费者产品质量满意度依次递减的特征事实。

三 实证数据证明经济发展水平对产品质量满意度有显著正向影响

围绕着经济发展水平与消费者产品质量满意度这一主题，本研究提出"经济发展水平与消费者产品质量满意度正相关"的假设，并提出这一假设的相关影响因素，主要包括区域因素（收入水平、收入差距、产业结构、消费结构和自然环境）和消费者个体因素（性别、年龄、婚姻状况等）。本研究构建了反映区域经济发展水平的人均GDP对消费者产品质量满意度的计量模型，并通过逐渐加入不同的消费者个体特征变量和城市的区域特征变量发现，区域经济发展水平对消费者产品质量满意度始终具有显著的正向影响。在居民绝对收入、消费性支出占比、第三产业占比、收入差距等这些控制变量保持不变的情况下，人均GDP对数对消费者产品质量满意度（Y）的影响系数为0.178。研究还表明：在区域经济发展水平对消费者产品质量满意度有显著影响的前提下，"自然环境"对产品质量满意度的影响是正向的，"第三产业占比""居民绝对收入""城乡收入差距"与"消费性支出占比"这四个控制变量对产品质量满意度的影响是负向的。因而，即便一个地区的人均GDP提升了，但"居民绝对收入""城乡收入差距""第三产业占比"与"消费性支出占比"这四个控制变量如果发生了变动，就很有可能抵消人均GDP对消费者产品质量满意度的提升作用。

四 经济发展水平对产品质量满意度的影响在不同个体特征人群具有异质效应

第一，对于不同收入消费者来说，人均GDP对中等收入消费者产品质量满意度的影响正向显著。居民消费性支出占比这一指标，对低收入组产品质量满意度（Y）影响程度比中等收入组要高。第二，人均GDP对男性消费者产品质量满意度的影响正向显著，但对女性消费者影响不显著。相对于男性，女性消费者的产品质量满意度影响不受所生活区域发展水平的影响。但是，消费性支出在总收入中的占比，以及所生活区域的自然环境对女性消费者的影响程度，要高于男性消费者。第三，对于不同年龄的消费者来说，人均GDP对31—40岁、41—50岁消费者的产品质量满意度影响显著。消费者的年龄越高，第三产业占比对消费者产品质量满意度的影响程度越大，影响方向均为负向。此外，消费者所生活地区自然环境对各个年龄段的消费者均影响正向显著，并且对31—50岁之间消费者的正向影响，要略高于其他年龄段。第四，人均GDP对消费者产品质量满意度的影响，对已婚消费者群体影响显著，但对于未婚消费者影响不显著。未婚者对产品质量的评价，更容易受到消费性支出占比和收入差距影响。第五，从人均GDP对消费者产品质量满意度影响的角度来讲，人均GDP对大专和中专高职这两组消费者影响显著，而且影响方向均为正。研究生以上学历消费者的产品质量满意度，显著受到所在地区自然环境的影响，其他控制变量对其影响均不显著。

五 经济发展水平对产品质量满意度的影响在不同区域具有异质效应

第一，在其他条件一致的情况下，反映经济发展水平的人均GDP对城乡居民产品质量满意度的影响具有异质性。对于城镇居民来说，人均GDP对城镇居民的产品质量满意度影响正向显著，但对农村居民影响不显著。相对于城镇居民，影响农村居民产品质量满意度的影响因素，多了一个反映收入分配的"城乡收入差距"，且影响显著为负。也就是说，城乡收入差距的扩大，将显著降低农村居民对产品质量的评价。同时，农村居民比城镇居民更加敏感地受到消费性支出占比的影响。对于农村居民来说，用于消费性支出的比例越大，用于非消费性支出的比例越小，其对产品质量满意度就越低。此外，居民绝对收入这一指标对城镇居民产品质量满意度显著为负，但对农村居民影响显著为正。也就是说，居民收入的提高，将会显著降低城镇居民产品质量满意度，但却会显著提高农村居民的产品质量满意度。

第二，在其他条件一致的情况下，反映经济发展水平的人均GDP对东中西部居民产品质量满意度的影响具有异质性。人均GDP对中部城市的消费者产品质量满意度影响不显著，对西部居民和东部居民的影响显著。但是，对西部和东部两个区域居民的产品质量满意度影响方向相反，即：对西部居民产品质量满意度影响负向显著，对东部居民正向显著。首先，对于西部居民来讲，除了人均GDP和环境质量，对消费者产品质量满意度影响显著的区域因素仅有居民收入差距，且影响方向为负向，而其他的区域变量（居民收入、服务业占比、消费性支出占比等）对消费者产品质量满意度均不显著。因而，在其他条件不变的情况下，居民收入差距越大，西部居民对产品质量的评价越低。其次，对比西部和东部，居民收入水平仅对中部地区居民具有显著影响，而且影响方向为正。也就是说，居民收入将会显著提高中部居民的产品质量满意度，而对西部和东部居民产品质量满意度的影响不显著。最后，居民收入差距对东部居民的影响显著为正，与对其他区域居民的影响方向相反。也就是说，在其他条件一致的情况下，对于其他区域来说，居民收入差距越大，消费者产品质量满意度就越低。此外，第三产业占比对东部居民产品质量满意度的负向影响要大于其他区域。

六 宏观的经济发展水平通过消费者的价格容忍度、质量安全信任度、投诉举报积极性和收入增长满意度对产品质量满意度产生影响

第一，经济发展水平通过提高消费者的相对收入，进而提高消费者产品质量满意度的效果最明显。研究证明消费者绝对收入水平与产品质量满意度之间呈"U"形曲线变化，但本章结论证明消费者相对收入水平（即：消费者收入增长满意度）与消费者产品质量满意度为正向线性关系，且对产品质量满意度（Y）的正向拉动作用最大。结果表明，经济发展水平通过提高收入增长满意度带来的产品质量满意度（Y）提升幅度最大（占四项影响因素提升幅度总和的64.5%）。第二，通过提高居民质量安全信任度和投诉举报积极性的提升幅度分别为第二位（占四项影响因素提升幅度总和的32.2%）。经济发展水平越高的地区，消费者对所消费产品质量越放心，进而对产品质量满意度也越高。消费者

对质量安全的感受对产品质量满意度的影响系数为 0.648，位于四项影响因素的第一位。第三，经济发展水平人均 GDP 对消费者投诉举报积极性的提升作用较强（影响系数为 0.137，位于四项影响通道的第二位）。投诉举报积极性的提高并没有降低消费者的产品质量满意度，质量公共服务的软环境提升反而提高了消费者对产品质量的总体评价。第四，经济增长通过提高消费者价格容忍度，进而提高产品质量满意度的作用稍弱。经济发展水平通过提升消费者的价格容忍度所带来产品质量满意度（Y）的提升幅度排名最后，且占四项影响因素提升幅度总和的1%。这一结果一方面说明经济发展水平越高，消费者对产品的价格容忍度越高，对高质量产品越容易付出高价格，从而能够对高质量产品的提供方产生激励作用；另一方面，这一结果说明目前来说这一激励作用还不大，消费者在进行产品质量满意度的时候，没有完全基于"产品价格"这一相对因素进行评定，对"高质量产品应该付出高价格"的认同度不高。

第二节　研究不足

本研究在写作过程中，由于受到一些主客观因素的影响，还存在一定的不足，主要有以下两个方面：

第一，本研究所用消费者质量评价的调查数据为 2013 年和 2014 年，由于时间序列长度比较短，本研究未引入时间维度进行分析。如果截面数据能够连续更长时间（例如 5—8 年），并能够得到更完整的统计数据，进行"消费者个体、城市区域、不同年度"三个维度的回归检验，应该会使得模型估计的结果更为真实、更具有说服力。

第二，计量模型中有些变量的评价指标存在一定的偏差。例如：对于"居民收入差距"这一控制变量，所使用的评价指标是城乡居民收入差距，没有考虑到不同人群所占总人口的比重。此外，由于在进行计量建模时，涉及大量的区域数据，由于统计方面的原因，极少数数据存在一定的遗漏，这在统计上肯定会带来不可避免的误差。

第三节　研究展望

基于本研究的实证结果，还有很多方面值得进行深入细致的研究。

未来本研究将主要在以下三个方面进行进一步研究：

第一，本研究是短期的实证检验，那么从长期来看，消费者产品质量满意度是否仍与经济发展程度有关？今后本研究将持续对我国消费者产品质量满意度进行调查和观测，以检验本研究提出的假设和得出的结论。

第二，为什么经济发展水平对不同群体、不同地区消费者产品质量满意度影响具有异质性？本研究基于实证数据验证了经济发展水平影响消费者产品质量满意度的人群异质性和地区异质性，但是并没有从理论上解释为什么影响程度具有差异性。例如：为什么对男性消费者影响显著而对女性不显著，为什么对东中西部居民的影响程度存在差异？也就是说，本研究更多的是从经济发展水平的角度，解释了我国不同人群、不同地区消费者产品质量满意度差异特征，并发现了经济发展水平对于不同人群、不同地区消费者产品质量满意度影响程度的差异，但目前并没有对这一差异进行进一步的理论分析与解释。

第三，我国现有产品质量提升政策的效果评估与分析。本研究将充分考虑我国不同地区经济发展水平、产业结构、消费结构等差异性的现实条件，以充分发挥市场的力量、不断提高产品市场自运行为目的，具体评估我国现有产品质量监管模式和政策的科学性。从而为未来的研究能够以政策实践为起点提供现实依据，提出通过经济发展水平促进产品质量提升的、更具可行性的具体政策建议。

参考文献

一 中文文献

[1] [印] 阿马蒂亚·森：《以自由看待发展》，任赜、于真译，中国人民大学出版社2002年版，第4—78页。

[2] [印] 阿马蒂亚·森：《伦理学与经济学》，王宇、王文玉译，商务印书馆2003年版，第7—92页。

[3] [苏] B. D. 卡马耶夫：《经济增长的速度和质量》，湖北人民出版社1983年版，第10—79页。

[4] 罗伯特·J. 巴罗：《经济增长的决定因素：跨国经验研究》，中国人民大学出版社2004年版，第30—87页。

[5] 曹建海：《过度经济论》，中国人民大学出版社2000年版，第25—121页。

[6] 陈建新等：《对完善我国产品质量担保法律制度的思考——欧美与美国消费品质量担保法律制度的比较与启示》，《中国标准化》2009年第10期。

[7] 陈钊、陆铭、金煜：《中国人力资本和教育发展的区域差异：对于面板数据的估算》，《世界经济》2004年第12期。

[8] 程抱全：《质量经济学》，科学普及出版社1985年版，第10—49页。

[9] 程虹：《宏观质量管理》，湖北人民出版社2009年版，第18—152页。

[10] 程虹、李清泉：《我国区域总体质量指数模型体系与测评研究》，

《管理世界》2009 年第 1 期。

[11] 程虹：《宏观质量管理的基本理论研究——一种基于质量安全的分析视角》，《武汉大学学报》（哲学社会科学版）2010 年第 1 期。

[12] 程虹、李丹丹、范寒冰：《宏观质量统计与分析》，北京大学出版社 2011 年版，第 28—186 页。

[13] 程虹、陈昕洲等：《质量强国战略若干重大问题研究》，《宏观质量研究》2013 年第 3 期。

[14] 程虹、李丹丹：《加快建设质量强国》，《人民日报》（理论版）2013 年 7 月 10 日。

[15] 程虹、李丹丹、罗连发：《2013 年中国质量发展观测报告》，中国社会科学出版社 2013 年版，第 10—238 页。

[16] 程虹、刘芸：《利益一致性的标准理论框架与体制创新——"联盟标准"的案例研究》，《宏观质量研究》2013 年第 2 期。

[17] 程虹、李丹丹：《一个关于宏观经济增长质量的一般理论——基于微观产品质量的解释》，《武汉大学学报》（哲学社会科学版）2014 年第 3 期。

[18] 迟福林：《消费主导——中国转型大战略》，中国经济出版社 2012 年版，第 34—147 页。

[19] ［美］道格拉斯·诺思：《制度、制度变迁与经济绩效》，格致出版社 2008 年版，第 21—185 页。

[20] 德尔·I. 霍金斯、罗格·J. 贝斯特、肯尼斯·A. 科尼：《消费者行为学（第 8 版）》，符国群等译，机械工业出版社 2003 年版，第 59—213 页。

[21] 董金良：《工业产品质量指数编制的理论探讨》，《安徽工业大学学报》（社会科学版）2004 年第 1 期。

[22] 窦志铭等：《商品流通领域质量监管模式研究》，人民出版社 2010 年版，第 27—94 页。

[23] 杜创：《信誉、市场结构和产品质量》，《产业经济评论》2009 年第 3 期。

[24] ［德］方伟翰等：《市场竞争中的企业策略——博弈分析论》，上海社会科学院出版社 2000 年版，第 2—198 页。

[25] 樊纲、王小鲁、朱恒鹏：《中国市场化指数——各地区市场化相对进程2011年报告》，经济科学出版社2011年版，第30—168页。

[26] 樊孝凤：《生鲜蔬菜质量安全治理的逆向选择与产品质量声誉模型研究》，中国农业科学技术出版社2008年版，第29—179页。

[27] [美] 菲利浦·克劳士比：《质量免费》，杨钢等译，中国人民大学出版社2006年版，第2—18页。

[28] 冯海、王龙宝：《逆向选择、产品质量和信誉机制——对我国竞争性市场中产品质量问题的经济分析》，《产业经济研究》2005年第3期。

[29] 高鸿业：《区域经济学》，中国人民大学出版社2002年版，第2—186页。

[30] 高建刚：《双寡头模型下的产品质量竞争与厂商决策》，《山西财经大学学报》2006年第2期。

[31] 龚益鸣：《现代质量管理学（第二版）》，清华大学出版社2007年版，第16—84页。

[32] 郭克莎：《质量经济学概论》，广东人民出版社1992年版，第34—47页。

[33] 国际标准化组织：《质量管理体系基础术语》（ISO9000：2000）2000。

[34] 国家认证认可监督管理委员会认证认可技术研究所、国务院发展研究中心发展战略和区域经济研究部：《中国认证认可发展战略研究》，中国标准出版社2010年版，第38—85页。

[35] 国家质检总局质量管理司、清华大学中国企业研究中心：《中国顾客满意指数指南》，中国标准出版社2003年版，第3—19页。

[36] [英] 哈耶克：《个人主义与经济秩序》，生活·读书·新知三联书店2003年版，第9—74页。

[37] 韩福荣：《现代质量管理学》，机械工业出版社2004年版，第10—89页。

[38] 何立华：《产品质量、不对称信息与市场均衡》，《山东经济》2009年第1期。

[39] 何荣天：《产业技术进步论》，经济科学出版社2000年版，第38—92页。

［40］［美］胡佛：《区域经济学》，上海远东出版社1992年版，第3—171页。

［41］胡博：《Stata统计分析与应用》，电子工业出版社2013年版，第34—287页。

［42］［美］加里·S.贝克尔：《人类行为的经济分析》，上海三联书店/上海人民出版社2002年版，第3—76页。

［43］蒋春华：《最低质量标准利率研究综述》，《宏观质量研究》2013年第3期。

［44］江纯孝、温碧燕、姜彩芬：《服务质量、消费价值、旅客满意感与行为意向》，《南开管理评论》2001年第6期。

［45］蒋家东：《企业质量竞争力研究》，《航空标准化与质量》2005年第2期。

［46］［美］西蒙·库兹涅茨：《各国的经济增长》，商务印书馆1999年版，第5—17页。

［47］利昂·G.希夫曼、莱斯利·拉扎尔·卡纽克等：《消费者行为学》，江林等译，中国人民大学出版社2011年版，第15—276页。

［48］李峰等：《产品质量规制中企业与政府的行为博弈——以"三鹿奶粉"事件为例的实证研究》，《南昌大学学报》（人文社会科学版）2010年第1期。

［49］李培林、陈光金、张翼：《2015年中国社会形势分析与预测》，社会科学文献出版社2014年版，第45—231页。

［50］李坤望、王有鑫：《FDI促进了中国出口产品质量升级吗？——基于动态面板系统GMM方法的研究》，《世界经济研究》2013年第5期。

［51］李正权：《质量心理学》，重庆大学出版社1989年版，第17—92页。

［52］李志德：《中国产品质量的长效发展机制研究》，武汉大学博士学位论文，2012年，第45—179页。

［53］李周：《走向21世纪的中国农村可持续发展》，社会科学文献出版社2000年版，第3—84页。

［54］李周、包晓斌：《中国环境库兹涅茨曲线的估计》，《科技导报》2002年第4期。

[55] 梁小民:《西方经济学》,中国广播电视大学出版社2003年版,第45—128页。

[56] 林毅夫:《经济发展与转型:思潮、战略与自生能力》,北京大学出版社2008年版,第19—120页。

[57] 林毅夫、蔡昉、李周:《中国经济转轨时期的地区差距分析》,《经济研究》1998年第6期。

[58] 刘黄金:《地区间生产率差异与收敛——基于中国各产业的分析》,《数量经济技术经济研究》2006年第11期。

[59] 刘伟丽、陈勇:《中国制造业的产业质量阶梯研究》,《中国工业经济》2012年第11期。

[60] 刘源张:《质量管理和质量保证体系国家标准宣贯教材》,中国标准出版社1993年版,第3—16页。

[61] 鲁文龙、陈宏民:《贸易技术壁垒的博弈分析》,《预测》2003年第4期。

[62] [美]罗伯特·M.索洛:《经济增长因素分析》,商务印书馆2003年版,第17—69页。

[63] 罗楚亮:《绝对收入、相对收入与主观幸福感——来自中国城乡住户调查数据的经验分析》,《财经研究》2009年第11期。

[64] 罗连发:《我国存在城乡产品质量二元性吗——基于我国宏观质量观测数据的实证分析》,《宏观质量研究》2013年第1期。

[65] [奥]路德维希·冯·米塞斯:《人类行为的经济学分析》,聂薇、裴艳丽译,广东经济出版社2010年版,第23—340页。

[66] 马小平:《宏观质量管理与质量竞争力研究——以江苏为例》,南京理工大学博士学位论文,2008年,第10—19页。

[67] 马小平:《宏观质量指数研究》,《数理统计与管理》2009年第5期。

[68] 马云泽:《规制经济学》,经济管理出版社2008年版,第45—93页。

[69] [美]迈克尔·波特:《竞争战略》,陈小悦译,华夏出版社2005年版,第37—320页。

[70] 那日苏:《全面质量管理与日本的崛起——传统文化与现代理性的成功融合》,《科学技术与辩证法》1996年第6期。

[71] 皮特·纽曼：《新帕尔格雷夫法经济学大辞典（一、二、三卷）》，法律出版社2003年版。

[72] 平新乔、郝朝艳：《假冒伪劣与市场结构》，《经济学》（季刊）2002年第2期。

[73] 浦徐进、何未敏、范旺达：《市场结构、消费者偏好与最低质量标准规制的社会福利效应》，《财贸研究》2013年第6期。

[74] ［美］乔治·施蒂格勒：《经济管制理论》，商务印书馆1999年版，第34—176页。

[75] 任保平：《以质量看待增长：对新中国经济增长质量的评价与反思》，中国经济出版社2010年版，第2—17页。

[76] 上海质量管理科学研究院：《质量竞争力》，中国标准出版社2006年版，第7—65页。

[77] 佘时飞：《商品质量、企业利润与市场结构分析》，《市场经济与价格》2010年第3期。

[78] ［美］弗农·史密斯：《经济学中的建构主义和生态理性》，中信出版社2004年版，第8—65页。

[79] 沈坤荣、马俊：《中国经济增长的"俱乐部收敛"特征及其成因研究》，《经济研究》2002年第1期。

[80] 盛洪：《为什么人们会选择对自己不利的制度安排》，《中国经济学1995》，上海人民出版社1996年版，第83页。

[81] 施炳展：《中国企业出口产品质量异质性：测度与事实》，《经济学》（季刊）2014年第1期。

[82] 史晋川、吴晓露：《产品责任制度建立的经济学分析——对"三菱帕杰罗事件"的思考》，《经济研究》2002年第4期。

[83] 史学军：《质量升级成本、产品创造性与市场结构》，《世界经济》2005年第4期。

[84] 孙志国：《我国产品质量监管问题研究——一个法经济学的视角》，吉林大学博士学位论文，2006年，第17—34页。

[85] 谭崇台：《发展经济学》，山西经济出版社2000年版，第32—79页。

[86] 田圣炳、陈启杰：《国际化经营中的原产地形象研究综述》，《外国经济与管理》2004年第8期。

[87] 汪丁丁：《行为经济学讲义：演化论的视角》，上海人民出版社 2011 年版，第 121—348 页。

[88] 王海忠、王晶雪、何云：《品牌名、原产国、价格对感知质量与购买意向的暗示作用》，《南开管理评论》2007 年第 6 期。

[89] 汪涛、周玲等：《来源国形象是如何形成的？——基于美、印消费者评价和合理性理论视角的扎根研究》，《管理世界》2012 年第 3 期。

[90] 王绍光、胡鞍钢：《中国不平衡发展的政治经济学》，中国计划出版社 1999 年版，第 23—150 页。

[91] 王云霞：《试论改善我国规制质量》，《广东社会科学》2006 年第 3 期。

[92] 温德成：《产品质量竞争力的培育》，中国计量出版社 2005 年版，第 37—67 页。

[93] 温德成、李正权：《面向战略的质量文化建设》，中国计量出版社 2006 年版，第 3—28 页。

[94] 魏后凯：《中国地区经济增长及其收敛性》，《中国工业经济》1997 年第 3 期。

[95] 文建东：《中国产品质量缺陷形成的政治经济学分析》，《湖北经济学院学报》2010 年第 5 期。

[96] 吴延兵：《企业规模、市场力量与创新：一个文献综述》，《经济研究》2007 年第 5 期。

[97] 武汉大学质量发展战略研究院中国质量观测课题组：《2012 年中国质量发展观测报告——面向转型质量的共同治理》，中国质检出版社（中国标准出版社）2013 年版，第 3—18 页。

[98] 武汉大学质量发展战略研究院中国质量观测课题组：程虹、李丹丹、罗连发：《2012 年中国质量发展观测报告》，《宏观质量研究》2013 年第 1 期。

[99] ［美］西蒙·库兹涅茨：《经济增长》，商务印书馆 1989 年版，第 2—19 页。

[100] 夏基松：《现代西方哲学教程》，上海人民出版社 1985 年版，第 4—67 页。

[101] 谢地、孙志国：《监管博弈与监管制度有效性——产品质量监管

的法经济学视角》,《学习与探索》2010 年第 2 期。

[102] 熊伟:《质量机能展开》,化学工业出版社 2005 年版,第 45—149 页。

[103] 熊伟:《现代质量管理》,浙江大学出版社 2008 年版,第 8—89 页。

[104] 徐国兴:《市场进入壁垒理论》,中国经济出版社 2007 年版,第 54—67 页。

[105] 徐京辉:《产品质量分析与评价技术基础》,中国标准出版社 2007 年版,第 67—93 页。

[106] 杨汝岱、朱诗娥:《企业、地理与出口产品价格——中国的典型事实》,《经济学》(季刊) 2013 年第 12 期。

[107] 杨君岐、刘利猛、王政军:《运用 EXCEL 进行产品市场的季节分析和趋势预测》,《统计与决策》2005 年第 5 期。

[108] 杨颖等:《浅析宏观质量评价指标体系的构建》,《标准科学》2009 年第 30 期。

[109] 叶初升、孙永平:《信任问题经济学研究最新进展与实践启示》,《国外社会科学》2005 年第 3 期。

[110] [奥] 伊斯雷尔·柯兹纳:《市场过程的含义》,中国社会科学出版社 2012 年版,第 3—78 页。

[111] 殷德生、唐海燕、黄腾飞:《国际贸易、企业异质性与产品质量升级》,《经济研究》2011 年第 2 期。

[112] 于彭、黄冲、刘卓军:《消费品宏观质量评价模型与应用》,《数学的实践与认识》2010 年第 24 期。

[113] [美] 约瑟夫·M. 朱兰:《朱兰质量手册(第五版)》,中国人民大学出版社 2003 年版,第 17—289 页。

[114] [美] 约瑟夫·阿洛伊斯·熊彼特:《经济发展理论》,商务印书馆 1990 年版,第 34—89 页。

[115] 曾国安、李明:《发达国家社会性管制的发展新趋势》,《经济纵横》2007 年第 9 期。

[116] 曾国安:《竞争、垄断与政府管制》,《福建论坛》(人文社会科学版) 2006 年第 10 期。

[117] 张蕾:《关于食品质量安全经济学领域研究的文献综述》,《世界

农业》2007 年第 11 期。

[118] 张庆、刘宁、乔栋:《产品质量责任——法律风险与对策》,法律出版社 2005 年版,第 45—94 页。

[119] 张维迎:《市场的逻辑》,上海人民出版社 2010 年版,第 8—125 页。

[120] 张学志、才国伟:《收入、价值观和居民幸福感——来自广东成人调查数据的经验证据》,《管理世界》2011 年第 9 期。

[121] 张亚斌、冯迪、张杨:《需求规模是诱发本地市场效应的唯一因素吗?》,《中国软科学》2012 年第 11 期。

[122] 赵农、刘小鲁:《进入管制与产品质量》,《经济研究》2005 年第 1 期。

[123] 赵德余、顾海英、刘晨:《双寡头垄断市场的价格竞争与产品差异化策略——一个博弈论模型及其扩展》,《管理科学学报》2006 年第 5 期。

[124] 郑红军:《中国产品质量的综观研究》,中国经济出版社 2007 年版,第 13—70 页。

[125] 郑卫华:《标准作用的再认识》,《世界标准化与质量管理》2003 年第 6 期。

[126] 周立群:《对经济发展方式转变的理论阐释与实践反思》,《社会科学研究》2011 年第 3 期。

[127] 周应恒、彭晓佳:《江苏省城市消费者对食品安全支付意愿的实证研究——以低残留青菜为例》,《经济学》(季刊)2006 年第 3 期。

[128] 中华人民共和国国家统计局:《中国统计年鉴》,中国统计出版社 2013 年版。

[129] 中华人民共和国国家统计局:《中国统计年鉴》,中国统计出版社 2014 年版。

二 英文文献

[1] Abramovitz, Moses. Catching Up, Forging Ahead and Falling Behind [J]. Journal of Economic History, 1986 (2): 385 - 406.

[2] Abbott, L. Quality and Competition [M]. New York: Columbia Univer-

sity Press, 1955: 32 - 87.

[3] Acharyya, R. Quality Discrimination among Income Constrained Consumers [J]. Economics Letters, 2005 (86): 245 - 251

[4] Akerlof, G. A. The market for "lemons": Quality uncertainty and the Market Mechanism [J]. The quarterly Journal of Economics, 1970 (84): 8 - 129.

[5] A. Michael Spence. Monopoly, Quality and Regulation [J]. The Bell Journal of Economics, 1975, Vol. 6 (2): 417 - 429.

[6] Amiti, Mary and Amit Khandelwal. Import Competition and Quality Upgrading [J]. The Review of Economics and Statistics, 2013, Vol. 95 (2): 476 - 490.

[7] Archibald, Robert B., Clyde Haulman, and Carlisle Moody Jr. Quality, Price, Advertising, and Published Quality Ratings [J]. Journal of Consumer Research, 1983 (2): 56 - 347.

[8] Ashok Kumar, Kathryn E. Stecke, Jaideep Motwani. A duality Index - Based Methodology for Improving Competitiveness: Analytical Development and Empirical Validation [D]. University of Michigan Business School, 2002: 21 - 189.

[9] Baldwin, R., and J. Harrigan. Zeros, Quality and Space: Trade Theory and Trade Evidence [J]. American Economic Jouranl: Microeconomics, 2011 (3): 192 - 267.

[10] Barro, R., and Sala-i-Martin, X. Convergence [J]. Journal of Political Economy, 1992, Vol. 100 (2): 223 - 251.

[11] Barro, Robert. Economic Growth in a Cross Section of Countries [J]. Quarterly Journal of Economics, 1991, Vol. 100: 342 - 421.

[12] Barro, Robert. Determinants of Economic Growth: A Cross - Country Empirical Study [J]. Cambridge, Massachusetts, London, England: The MIT Press, 1998: 48 - 269.

[13] Bastos, P. and Silva, J. The Quality of a Firm's Exports: Where You Export to Matters [J]. Journal of International Economics, 2010 (2): 136 - 210.

[14] Beaumont A G, and Libiszewski D. A prescription for quality [J]. Man-

agement Services, 1993, 37: 178 – 237.

[15] Ben David D. Convergence Clubs and Subsistence Economies [J]. Journal of Development Economics, 1998, Vol. 55 (3): 155 – 171.

[16] Bob Anderton. Innovation, Product Quality, Variety, and Trade Performance: An Empirical Analysis of Germany and the UK [J]. Oxford Economic Papers, 1999, Vol. 51 (1): 121 – 263.

[17] Boom A. Asymmetric International Minimum Quality Standards and Vertical Differention [J]. Journal of Industrial Economics, 1995, Vol. 43 (2): 101 – 138.

[18] Bowbrick P. Pseudoresearch in Marketing: The Case of the Price – Perceived – Quality Relationship [J]. European Journal of Marketing, 1982, Vol. 14 (8): 70 – 466.

[19] Broda, C., D. E. Weinstein. Globalization and Gains fromVariety [J]. The Quarterly Journal of Economics, 2006, Vol. 121 (2): 132 – 310.

[20] Broh, R. A. Managing Quality for Higher Profits [M]. New York: McGraw-Hill, 1982: 49 – 184.

[21] Buckingham, A., and Saunders, P. The Survey Methods Workbook: From Design to Analysis [M]. New York: Polity Press, 2004: 153 – 284.

[22] C. D. Edwards. The Meaning of Quality [M]. Quality Progress, 1968: 3 – 105.

[23] Carol A. Reeves and David A. Bednar. Defining Quality: Alternatives and Implications The Academy of Management Review [J]. Total Quality, 1994, Vol. 19 (3): 419 – 445.

[24] Chatterjee, T., A. Raychaudhuri. Product Quality, Income Inequality and Market Structure [J]. Journal of Economic Development, 2004 (29): 51 – 84.

[25] Copeland B R, Kotwal A. Product Quality and the Theory of Comparative Advantage [J]. European Economic Review, 1996, Vol. 40 (3): 1745 – 1760.

[26] Crosby, P. B. Quality is free: The Art of Making Quality Certain [M]. New York: New American Library, 1979: 15 – 97.

[27] David J. Curry and David J. Faulds. Indexing Product Quality: Issues,

Theory, and Results [J]. Journal of Consumer Research, 1986, Vol. 13 (1): 134 – 145.

[28] Dela Fuente, A. Convergence Equations and Income Dynamics: The Sources of OECD Convergence 1970—1995 [J]. Economica, 2003, Vol. 70 (4): 655 – 671.

[29] Deming, W. E. Quality, Productivity and Competitive Position [M]. Cambridge: Massachusetts Institute of Technology, Center for Advanced Engineering Study, 1982: 39 – 126.

[30] Dodds, WB, Monroe, K. B. and Grewal, D. Effect of Price, Brand Name, and Store Name on Buyer's Perception of Product Quality [J]. Journal of Marketing Research, 1991, Vol. 28 (3): 307 – 319.

[31] Creusen, M. E. The Importance of Product Aspects in Choice: The Influence of Demographic Characteristics [J]. The Journal of Consumer Marketing, 2010, Vol. 27 (1): 26 – 34.

[32] Elliotte G R, Cameron R C. Consumer Perception of Product Quality and the Country-of-Origin Effect [J]. Journal of International Marketing, 1994, Vol. 2 (2): 49 – 62.

[33] Faruq. H. A. How Institutions Affect Export Quality [J]. Economic Systems, 2011 (6): 586 – 606.

[34] Fabrizio S, Igan D, Mody A. The Dynamics of Product Quality and International Competitiveness [J]. IMF: European Department, 2007 (3): 1 – 33.

[35] Fornell Claes. Boost Stock performance, nation's economy [J]. Quality Progress, 2003, Vol. 36: 25.

[36] Fornell, Claes, Michael D. Johnson, Eugene W. Anderson, et al. The American Customer Satisfaction Index: Nature, Purpose, and Findings [J]. Journal of Marketing, 1996, Vol. 60: 18.

[37] Feigenbaum A. V. Quality control: principles, practice, and Administration; an Industrial Management Tool for Improving Product Quality and Design and for Reducing Operating Costs and Losses [M]. New York: McGraw-Hill industial organization and management series, 1945: 39 – 120.

[38] Feigenbaum, A. V. Quality and Business Growth Today [J]. Quality Progress, 1982, Vol. 15 (11): 22 – 34.

[39] Feigenbaum, A. V. Total quality control (4th ed.) [M]. New York: McGraw-Hill, 1991: 120 – 187.

[40] Harry Flam, Elhanan Helpman. Vertical Product Differentiation and North-South Trade [J]. The American Economic Review, 1987, Vol. 77 (5): 31 – 72.

[41] Gao H Z, Knight J. Pioneering Advantage and Product Country Image: Evidence from an Exploratory Study in China [J]. Journal of Marketing Management, 2007, Vol. 23 (3 – 4): 367 – 385.

[42] Garvin, D. A. What does "Product Quality" really mean? [J]. MIT Sloan Management Review, 1984, Vol. 26 (1): 3 – 26.

[43] Garvin, DavidA. Quality on the Line [J]. Harvard Business Review, 1983, Vol. 61: 34 – 59.

[44] George J. S., Rao Srlkumar S., Narayanan Sunder. The Influence of Positive and Negative Affectivity on Attitude Change toward Organizations [J]. Journal of business and Psychology, 2001, Vol. 16 (1): 151 – 161.

[45] Gene M. Grossman, Elhanan Helpman. Innovation and Growth in the Global Economy [M]. Cambridge, MA: MIT Press, 1991: 85 – 132.

[46] Gervais A. Product Quality and Firm Heterogeneity in International Trade [M]. University of Maryland: Department of Economics, 2009: 1 – 38.

[47] Goldberg P K, Khandelwal A, Pavcnik N, ET AL. Imported Intermediate Inputs and Domestic Product Growth: Evidence from India [J]. Quarterly Journal of Economics, 2010, Vol. 125: 1727 – 1767.

[48] Hallak. Product Quality and the Direction of Trade [J]. Journal of International Economics, 2006 (1): 238 – 265.

[49] Hallak J C, Scott P K. Estimating Cross-Country Differences in Product Quality [J]. The Quarterly Journal of Economics, 2011, Vol. 126: 417 – 474.

[50] Hjorth-Anderson, Chr. The Concept of Quality and the Efficiency of

Markets for ConsumerProducts [J]. Journal of Consumer Research, 1984, Vol. 11 (2): 708 – 718.

[51] Holbrook, Morris B. Integrating Compositional and Decompositional Analyses to Represent the Intervening Role of Perceptions in Evaluative-Judgments [J]. Journal of Marketing Research, 1981, Vol. 18: 13 – 28.

[52] Hong Cheng, Dandan Li, Lianfa Luo. The Chinese Perception of Quality: Model Building and Analysis based on Consumers' Perception [J]. Journal of Chinese Management, 2014 (1): 3 – 18.

[53] Heckscher EF. The Effect of Foreign Trade on the Distribution of Income, 1919.

[54] Hulland J, Honorio S T, Donald J L. Country-of-Origin Effects on Sellers' Price Premiums in Competitive Philippine Markets [J]. Journal of International Marketing, 1996, 4 (1): 57 – 79.

[55] Jackson Musyimi, Verna Omanwa. Product Evaluaion Attributes and Consumer Product Trust of Branded and Generic Drugs: A Comparative Study of the United Sates and Kenya [J]. Internalitonal Jouranl of Marketing Studies, 2014, Vol. 6 (4): 1 – 9.

[56] Jaffe, E. D. and Nebenzahl, I. D. National Image and Competitive Advantage: The Theory and Practice of Country-of-Origin Effect [M]. Copenhagen Business School Press: Copenhagen, 2001: 3 – 18.

[57] Jarreau, J. Export Sophistication and Economic Growth: Evidence from China [J]. Journal of Development Economics, 2012, Vol. 97 (2): 37 – 78.

[58] Jeffrey F. Dugree et al. Observation: Translating Values into Product Wants [J]. Journal of Advertising Research, 1996, Vol. 36 (6): 31.

[59] Johnson, Eugene W, Fornell Claes. Customer Satisfaction and Shareholder Value [J]. Journal of Marking, 2004, Vol. 68 (10): 172.

[60] Jozef Konings. Trade Liberalization, Intermediate Inputs, and Productivity: Evidence from Indonesia [J]. American Economic Review, 2007, Vol. 97 (5): 1611 – 1638.

[61] Juran, J. M. Juran on Quality by Design: The New Steps for Planning Quality into Goods and Services [M]. New York: Free Press, 1992: 5 - 176.

[62] J. Gabszewicz, A. Turrini. Workers' Skills, Product Quality and Industry Equilibrium [J]. International Journal of Industrial Organization, 1998, Vol. 18 (4): 575 - 593.

[63] Khandelwal, A. The Long and Short Quality Ladders [J]. The Review of Economic Studies, 2010, Vol. 77 (4): 1450 - 1476.

[64] Kim P. Corfman. Quality and Value in the Consumption Experience: Phaedrus Rides Again in Perceived Quality [M]. MA: Lexington Books, 1985: 31 - 57.

[65] Kirmani A, Baumgartner H. Reference Points Used in Quality and Value Judgements [J]. Marketing Letters, 2000, Vol. 11 (4): 149 - 220.

[66] Kneller, R., and Z. Yu. Quality Selection, Chinese Exports and Theories of Heterogeneous Firm Trade. GEP Research Paper, University of Nottingham, 2008: 208.

[67] Kugler M, Verhoogen E. Prices, Plant Size, and Product Quality [J]. The Review of Economic Studies, 2012, Vol. 79: 307 - 339.

[68] Laird, Donald A. How the Consumer Estimates Quality by Subconscious Sensory Impression [J]. Journal of Applied Psychology, 1932, Vol. 16 (2): 241 - 246.

[69] Lee, J., Garbarino, E. & Lerman, D. How Cultural Differences in Uncertainty Avoidance Affect Product Perceptions [J]. International Marketing Review, 2007, 24 (3), 330 - 349.

[70] Levinson A. Valuing Public Goods Using Happiness Data: The Case of AirQuality [J]. Journal of public economics, 2012 (9): 36 - 78.

[71] Linder S. An Essay on Trade andTransformation [M]. Stockholm: Almqvist & Wikeell, 1961: 33 - 125.

[72] Ludwig von Mise. Human Action: A Treatise on Economics [M]. William Hodge and Co. Ltd., 1949: 41 - 43.

[73] Lutz, Richard. Quality is as Quality Does: An Attitudinal Perspective on

Consumer Quality Judgments [J]. Presentation to the Marketing Science Institute Trustees' Meeting, Cambridge, MA. 1986.

[74] Manova, K. and Z. Zhang. Export Prices Firms and Destinations [J]. Quarterly Journal of Economics, 2012, Vol. 127 (1): 379 – 436.

[75] Maynes, E. Scott. The Concept and Measurement of Product Quality [J]. Household Production and Consumption, 1976, Vol. 40 (5): 529 – 559.

[76] McConnell, J. D. Effect of Pricing on Perception of Product Quality [J]. Journal of Applied Psychology, 1968, Vol. 52: 300 – 356.

[77] Mehrotra, Sunil and John Palmer. Relating Product Features to Perceptions of Quality: Appliances. in Perceived Quality [M]. J. Jacoby and J. Olson, eds. Lexington, MA: Lexington Books, 1985: 81 – 96.

[78] Mohammed M. Nadeem. Post-Purchase Dissonance: The Wisdom of the "Repeat" Purchases [J]. Journal of Global Business Issues, 2007, Vol. 1 (2): 184.

[79] Montgomery, Douglas, C., Introduction to Quality Statistical Control (6th Edition) [M]. Wiley Press, 2008: 10 – 198.

[80] Motta M. Endogenous Quality Choice: Price vs. Quantity Competition [J]. Journal of Industrial Economics, 1993, Vol. 41: 113 – 131.

[81] Murphy, KM. and Shleifer, A. Quality and Trade [J]. Journal of Development Economics, 1997, Vol. 53 (1): 8 – 35.

[82] Nagashima A. A Comparison of Japanese and U. S. Attitudes toward Foreign [J]. Journal of Marketing Research, 1970, Vol. 34: 68 – 74.

[83] Nagashima A. A Comparative "made in" Product Image Survey Among Japanese Business Men [J]. Journal of Marketing, 1977, Vol. 41 (3): 95 – 103.

[84] Nelson, P. Information and Consumer Behavior [J]. Journal of Political Economy, 1970 (78): 311 – 329.

[85] Niraj Dawar, Madan M. Pillutla. Impact of Product-harm Crisis on Brand Equity, the Moderating Role of Consumer Expectations [J]. Journal of Marketing Research, 2000 (5): 215 – 226.

[86] Noriali Kanot, et al. Motivator and hygiene factor in Quality [J]. Japa-

nese Society Quality Control, 1984 (14).

[87] Ohlin B G. The Theory of Trade, 1924: 89.

[88] Olshavsky, Richard W. Perceived Quality in Consumer Decision Making: An Integrated Theoretical Perspective in Perceived Quality [M]. J. acoby and J. Olson, eds. Lexington, MA: Lexington Books, 1985: 3 – 29.

[89] Pablo D. Fajgelbaum, Gene M. Grossman, Elhanan Helpman. Income Distribution, ProductQuality, and International Trade [J]. NBER Working Paper No. 15329, 2009.

[90] Peter J. Brust, Frank M. Gryna. Quality and Economics: Five KeyIssues [J]. Quality Progress. 2002 (10): 64 – 69.

[91] Raldwin. R and J. Harridan. Zeros, Quality and Space; Trade Theory and Trade Evidence [J]. American Economic Journal: Microeconomics, 2011 (3): 60 – 88.

[92] Robert A. Broh. Managing Quality for Higher Profits: A Guide for Business Executives and Quality Managers [M]. McGraw Hill Higher Education, 1982: 134 – 192.

[93] Romer, P. Endogenous Technical Change [J]. Journal of Political Economy, 1990, Vol. 98: 71 – 102.

[94] Ronnen U. Minimum Quality Standards, Fixed Costs, and Competition [J]. The Rand of Economics, 1991, Vol. 22: 490 – 504.

[95] Schwartz, Alan, Louis Wild. Prouct Quality and Imperfect Information [J]. Reivew of Economics Studies, 1985: 168 – 198.

[96] Shankarmahesh, Mahesh N. Consumer Ethnocentrism: an Integrative Review of Its Antecedents and Consequences [J]. International Marketing Review, 2006. Vol. 23 (2): 161.

[97] Shewhart, W. A. Economic Control of Quality of Manufactured Product [M]. New York: Van Nostrand, 1931: 230 – 337.

[98] Segerstrom, P. Innovation, Imitation and Economic Growth [J]. Journal of Political Ecomomy, 1991, Vol. 99 (4) : 27 – 807.

[99] Siomkos, Kurzbard. Modeling ambiguity in decisions under uncertainty [J]. Journal of Consumer Research, 1988 (9): 265 – 272.

[100] Siomkos, George J. and Malliaris, Peter G. Consumer Response to

Company Communications during a Product Harm Crisis [J]. Journal of Applied Business research, 1992 (8): 59 – 66.

[101] Solow, R. M. Technical Change and the Aggregate Production Function [J]. The Review of Economics and Statistics, 1957, Vol. 39 (3): 256.

[102] Valarie A. Zeitham, Consumer Perceptions of Price, Quality, and Value: A Means-End Model and Synthesis of Evidence [J]. Journal of Marketing, 1988, Vol. 52 (3): 2 – 22.

[103] Verhoogen E. Trade, Quality Upgrading, and Wage Inequality in the Mexican Manufacturing Sector [J]. Quarterly Journal of Economics, 2008, Vol. 123: 489 – 530.

致　　谢

　　本著作是在我博士论文的基础上进行再次整理、修改而形成的。2015年4月我的博士论文得以完成，2015年7月我三年的博士求学生涯结束。随着记忆在往日时光中的追溯，我愈来愈强烈感受到我是何其有幸，一路走来能时时得到众多师友、家人的提携和扶助。

　　感谢恩师程虹教授，感谢您用无比的耐心指导天资拙笨的我，并没有因为我个人起点较低而摒弃我，不断给我试错的机会和学习的平台，认同我尚有能力进入科学研究的圣地。老师除了在学业方面给予我指导，促使我的科研能力不断提升，更是在做人、做事方面给我潜移默化的熏陶，"科学研究目的就是为社会创造价值"，"像科学家一样思考、像农民一样劳作"，"只问耕耘、不问收获"……这些都是我在您身上看到的、学到的，并逐渐领悟到的。回首这些年我在武汉大学的工作、学习和生活之路，这些价值观不但给予了我不畏困难的勇气和力量，还教给了我解决问题的方法，也促使我逐渐成为一个较为成熟的人。在此，学生向您表示深深的感谢。

　　感谢中国质量观测项目组的老师和同学。我博士论文的基础就是武汉大学质量研究院的质量观测调查数据，如果没有各位老师和同学历尽艰辛而获得的一份份问卷，我将无法开展这一研究。每每想起做质量观测问卷调查的日子，想起无数个梳理数据的夜晚，虽然不无辛苦，但立志要做中国质量建设者的责任感让我们走到一起，也收获了不可替代的幸福感。

　　感谢香港科技大学宗福季教授、Albert Park教授，感谢你们对我博士论文的文献梳理、问题凝练和计量模型构建等方面的指导。论文写作过程中有幸在香港科技大学交流半年，与各位老师在学术研讨会上的交流和随时随地的学术讨论，使我同样领略到了学术人兢兢业业的工作态度，领悟到"仰望星空"的辽阔和深邃。

感谢宋琼副院长、蒋英老师、袁晓峰老师、张继宏老师、罗连发老师、李唐老师、余红伟老师、汪晓清老师、许伟老师、李艳红老师、杨芷晴老师、杨仙娇老师、余凡老师、刘芳冰老师和江华丽老师等，感谢你们在学业上和论文撰写中给予我的支持和帮助。这种支持帮助或是引领提携，或是扶持相助，对于你们来说可能不足挂齿，但对于陷入一个个现实问题的博士生来说，却直接化解了我所面临的难题。还要感谢同窗贾国栋博士、刘三江博士、范寒冰博士、陈昕洲博士等的密切协作和帮扶，我们将是一生的同学。

最后，我还要郑重感谢我亲爱的家人。我现在仍然对自己参加博士入学考试的情景记忆犹新。2012年3月，我作为一个有8个月身孕的准妈妈，缓缓走在进入考场的人流中，心情却是非常自豪和自信。感谢我的宝宝带来的动力和好运，使我能够顺利考入武汉大学攻读博士学位，让我和你一起成长和进步。接下来的生活现实是，来自家庭、学业和工作三方面的压力，无时无刻不在考验着我这个新手妈妈。但我的爱人、公公和婆婆，他们都非常理解我、支持我，承担了家里大部分的家庭劳务和照顾孩子的事务，尽可能留给我更多的工作学习的时间。尤其是在博士论文写作冲刺的后半年，基本上没有时间照顾老人和孩子，每次他们问我有没有时间带孩子，看到我犹豫的表情，他们都会说："你去写你的论文吧，不碍事的。"还有我远在千里之外的爸妈和哥嫂，每次打电话都关心我博士论文的进展，给我舒缓压力。家人越是支持我，我越是感到难过，难过的是我照顾你们太少了，是你们给予我的爱，支撑我能够每天晚上11点哄孩子睡着以后爬起来写论文，支撑我不断成长，走到今天。

写到这里，我仍觉得所有的语言都不足以表达我内心的感恩之情，眼泪此时竟模糊了我的视线。我再一次体会到，我是多么幸运。感谢生命这段旅程中陪伴我的师长、同事、同学、朋友和家人，我将怀着一颗感恩的心、微笑着走向新的生活，为社会不断创造价值！

李丹丹

2018年3月于武大樱园